T0033440

QUERIDA YO:
tenemos que hablar

QUERIDA YO:
tenemos que hablar

Conócete y sé feliz contigo

Elizabeth Clapés
@esmipsicologa

montena

Primera edición: febrero, 2022
Primera impresión en Colombia: febrero, 2024

Impreso en Colombia-*Printed in Colombia*

ISBN: 978-628-7688-02-5

Impreso por Editorial Nomos, S.A.

Podría dedicarle el libro a cualquiera de las maravillosas personas que tengo la suerte de tener en la vida, pero, después de todo, me lo voy a dedicar a mí.

Por todo lo que he vivido, aguantado y superado, que menudo percal.

Así que:

De mí para mí

ÍNDICE

MIRANDO HACIA ADELANTE

PRÓLOGO

Antes, cuando escuchaba hablar sobre la importancia de «conocerse a uno mismo», no entendía nada. Pensaba: «Si llevas treinta años viviendo contigo, ¿se puede saber qué te queda por conocer? ¿Qué es lo que no has conocido ya? ¿De veras hay algo que te pilla de sorpresa?». En fin, que no lo entendía. No comprendía a esas personas que se iban de viaje solas para conocerse a sí mismas, «se va de viaje y punto, pero dicho así queda más bonito», pensaba yo.

Pensaba de esta forma hasta que, por cosas de la vida, empecé a notar un cambio en mí. Un cambio a la fuerza, no te vayas a pensar que me fui de viaje a Tailandia, no. Pasé por una situación muy difícil que nos llevó a mí y a mi salud mental a un límite que, hasta entonces, era desconocido para nosotras. Que ya habría estado bien que hubiese seguido siéndolo, también te lo digo, que a mí esas tonterías de «esto te ha servido para crecer como persona» me ponen muy nerviosa.

Que sí, que he aprendido, pero era más feliz sin tener ni puta idea, todo sea dicho.

En fin, a lo que iba. Que entendí lo que era conocerse cuando la vida me obligó a escucharme y a darme cuenta de que algo no iba bien (alguna que otra persona podrida por dentro también aportó su granito de arena). ¡Ah! Y la ansiedad, ella también colaboró, vamos a darle el reconocimiento que merece. He llegado a odiarla, pero ahora la quiero mucho porque (literalmente) me salvó la vida, pero eso ya da para otro libro. Que mi ansiedad fue la alarma, no el incendio, vaya.

El dolor, a veces, nos supera. Nos supera tanto que no sabemos ni por dónde cogerlo. Todo va mal, todo nos duele, todo nos sienta mal, el mundo nos parece un lugar horrible, nuestra situación, un fracaso, y lo peor: sentimos que nunca podremos salir de ahí. Es ese mismo dolor el que nos pone suave y delicadamente una venda en los ojos para que no veamos la salida. Lo hace despacio, sutilmente y con cariño para que no podamos decir que ha sido él. Para que nos culpemos a nosotros mismos, y la frustración y la culpa lo vayan alimentando poco a poco. Para que sintamos que no somos válidos, que nos ha tocado sufrir y que, en parte, nos lo merecemos. Eso es lo que hace el dolor: cegar. Hala, ya estoy llorando. Ni una página llevo escrita, verás tú cuando acabe el libro.

Lo que iba diciendo, que el dolor ciega y, por eso, como no podemos ver, hay que saber escuchar(nos). Escuchar a nuestro cuerpo.

- ¿Dónde duele?
- ¿Cuándo duele?
- ¿Por qué duele?
- ¿Desde cuándo duele?

Y mi favorita: **¿qué tendría que pasar para que dejara de doler?** En ese momento, tenemos que imaginarnos diferentes escenarios, imaginarnos qué necesitamos que cambie para que nos encontremos mejor.

En este libro no voy a tratar de solucionarle la vida a nadie. Un libro puede abrirnos los ojos, enseñarnos, emocionarnos, darnos el empujoncito que necesitamos, pero no solucionarnos la vida. Ahora parece que voy a decir que «eso solo lo puedes hacer tú», pero no. Eso es mentira, es mentira porque **hay circunstancias en la vida que no nos van a permitir estar bien, que nos van a hacer daño, que nos van a dejar fuera de juego**. Situaciones de las que no vamos a aprender nada y nos van a dejar con mucho dolor y secuelas en las que trabajar. No todo depende de ti, por eso, no todo lo que te pasa es tu culpa ni gracias a ti.

Pero, bueno, como lo que no depende de nosotros no podemos cambiarlo, vamos a centrarnos en lo que sí está en nuestra mano.

Así que, querida..., tenemos que hablar:

- Tenemos que hablar porque vivimos comiéndonos la cabeza, teniendo diálogos internos que nos perjudican y ahogándonos en ansiedad quince veces a la semana por cosas que están fuera de nuestro alcance.
- Tenemos que hablar porque mucho torturarse y tener conversaciones eternas que acaban peor de lo que empezaron, pero poco comunicarse asertivamente con nuestro «yo interior».

Hay que saber hablarse por dentro para enseñarse a ser mejor para una misma y para los demás, todos salimos ganando, y eso se llama **autoeducarse**.

No me refiero a los típicos «quiérete», no. Me refiero a hablarse bien, con respeto y coherencia. Eso incluye admitir y echarse la bronca cuando hacemos las cosas mal para no convertirnos en la víctima de situaciones que son nuestra responsabilidad. Vivir echando balones fuera y culpando a todo el mundo menos a uno mismo no nos ayudará a crecer, al contrario. Esta última parte es fundamental para reconocer cuando sí debemos protegernos de otros, poner límites a los demás y no pedir disculpas por aquello que no nos pertenece.

Hay que ser honesto y coherente con uno mismo, para lo bueno y para lo malo.

Los discursos de «todo depende de ti» no ayudan a nadie, pero los que nos convierten en la víctima de todo tampoco.

Así que, con realismo, honestidad y respeto, allá vamos.

¡Ah, sí! Se me olvidaba: a lo largo del libro verás (leerás) que hablo (escribo) en femenino y en masculino indistintamente. Esto es porque, aunque el título esté en femenino, va dirigido, con todo mi cariño, a cualquiera.

Una vez aclarado esto, ahora sí: ¡vamos allá!

SI MIRAMOS ATRÁS...

1
LOS ERRORES QUE COMETIMOS: LA CULPA

En muchas ocasiones, miramos al pasado con vergüenza por lo que fuimos. Echamos la vista atrás y pensamos que cómo pudimos hacer aquello o ser de aquella forma.

Incluso a veces podemos irnos a dormir más tarde de lo previsto recordando todas las tonterías que hemos hecho a lo largo de nuestra vida, preguntándonos si los que estuvieron presentes las recuerdan y si afectó mucho a la imagen que tienen actualmente de nosotros. Nos torturamos creyendo que somos los únicos que hemos metido la pata de tal manera y juzgamos nuestros errores todo lo que no juzgamos los errores ajenos.

Es imposible ser el bueno de todas las historias que cuentas y esto es parte de la madurez, entender que has metido la pata y que algunas veces has sido tú el que ha hecho daño. ¿Eso te hace mala persona? No. ¿Es imperdonable? Tampoco.

Todos nos sentimos culpables
en silencio por cosas
que hemos hecho o dicho.

Los errores que hemos cometido y no nos perdonamos nos pesan en la mochila que llevamos a cuestas cada vez que nos levantamos de la cama por las mañanas.

¿Qué hacemos con los errores que cometimos?

Pedir disculpas a quien se las debamos. Pedir disculpas a las personas que hemos herido también incluye respetar la decisión de la persona (si quiere alejarse, si quiere espacio, si las acepta...). Una vez que has pedido perdón y has aprendido del error que cometiste, suelta aquel suceso.

Las personas cometemos errores
y, si quedásemos marcadas
de por vida por ellos,
todos seríamos malos.

Por eso llega un punto en el que tenemos que decidir que no somos así, que hemos cometido errores, pero que a día de hoy ya no nos representan y, sobre todo, que no volveremos a repetirlos porque hemos aprendido de ellos.

No tenemos que esconder que nos hemos portado mal con otros, que hemos sido los malos de la historia. No tratemos de justificar el daño que hemos hecho a los demás, seamos coherentes con nosotros mismos y demos la cara también para lo malo. «Sí, la cagué, pero me arrepentí muchísimo, pedí disculpas y me prometí no volver a hacer algo así jamás».

Sin embargo, existe otro tipo de culpa. Una culpa que no viene del daño que hemos hecho a otros, sino del que hemos permitido que nos hagan a nosotros.

Es muy frecuente que,
en relaciones en las que hay maltrato,
la otra persona nos manipule
para hacernos responsables
de su malestar y que así
no la abandonemos.

Esta responsabilidad que nos hacen creer que tenemos es falsa, pero despierta en nosotros un sentimiento de pena por su situación y de culpa por haber sido nosotros los malos. Cuando esta relación acaba, la pena y la culpa persisten, pero poco a poco se van trasformando en un «¿cómo puedo haber permitido que me hiciera esto?».

> Tu entorno te cuestiona, te pregunta que cómo pudiste aguantar tanto, te culpabiliza de la situación por no saber poner límites y te hace sentir débil y vulnerable. Las personas que hacen esto no han sido víctimas del maltrato psicológico, porque de haberlo sido hasta el más listo y fuerte de todos comprendería que no es cuestión de debilidad o estupidez. Todos podemos ser víctimas de maltrato, el único que tiene más papeletas para salvarse es el que ya lo ha vivido y ha aprendido a detectarlo a tiempo.

Cuando llegamos al punto en el que nos sentimos culpables por todo lo que toleramos en el pasado, el dolor es enorme. Sentimos que nos hemos traicionado a nosotros mismos permitiendo que nos machacasen de tal manera, como si también fuese nuestra culpa que en el mundo haya malas personas. Haber permitido que nos hagan daño no nos hace inferiores, no podemos pasarnos toda la vida castigándonos por lo que toleramos en su día a otra persona. Hicimos lo que pudimos con las herramientas que teníamos en ese momento. ¿Nos volvería a pasar? Probablemente no.

ES IMPOSIBLE SER EL BUENO

DE TODAS LAS HISTORIAS.

2
LAS GRANDES MANCHAS NEGRAS DE NUESTRA VIDA

He estado buscando la palabra adecuada para dar nombre a las desgracias puntuales que nos pasan a lo largo de la vida y la marcan. Esos eventos traumáticos que, cuando repasas tu vida, ves que están ahí: con fecha y hora. Son momentos vitales escritos en negrita, de los que recordamos el día (o días) y la hora. Sucesos para los que hemos necesitado tiempo de trabajo terapéutico y/o con nosotros mismos y que marcaron nuestra vida con un antes y un después. Los he llamado «manchas negras». La mayoría de nosotros sabremos identificar con rapidez las manchas negras de nuestras vidas, esos puntos de inflexión que ocupan parte de nuestro pensamiento a diario. Son cosas que ya han pasado, pero que de cierta manera siguen ahí y nos van a acompañar para siempre.

Las personas se llenan la boca con frases como «algo habrás aprendido», «gracias a eso eres como eres ahora», «si no te hubiese pasado aquello, ahora no sabrías esto otro», pero la realidad es que ojalá no te hubiese pasado. Anda a la mierda con el aprendizaje «gracias» a los eventos traumáticos, no les pienso dar las gracias. No hace falta que agradezcamos lo malo que nos pasó si no queremos hacerlo. No tenemos por qué haber aprendido nada de aquello, **los sucesos traumáticos se sobreviven como uno humanamente puede, no se viven con una libreta y un bolígrafo en la mano tomando notas para sacar aprendizajes superguáis que aplicar en nuestro futuro**.

En muchas ocasiones, salimos de esas situaciones a rastras, de rodillas y como podemos. Lo de salir siendo una mejor versión de ti es muy bonito, pero a la hora de la verdad no siempre es así.

Aceptar las manchas negras del pasado también forma parte de conocerse a uno mismo. Aceptarlas para entender que, por desgracia, sucedieron y que ahora forman parte de nuestra historia, aprendiendo a vivir con ellas y abrazando a la persona que fuimos en ese momento.

Hay cosas que duelen tanto que llegamos a sentir pena de nosotros mismos al recordar por lo que tuvimos que pasar, y, oye, no es para menos. Esa pena se abraza y se coge con cariño. «Sí, sufrí muchísimo, lo pasé realmente mal. Hice lo que pude para salir, salí como humanamente pude y aquí estoy, intentando estar cada vez mejor». Esto es muchísimo más realista y respetuoso con nuestro proceso que tener que aguantar los discursos de «gracias a aquello ahora soy mejor persona». Aunque, oye, quizá sí, quizá has sabido sacar toda tu fortaleza a raíz de aquello, pero que sepas que, si no lo has hecho, no pasa nada.

Cómo construimos el diálogo interno a la hora de darle explicación a aquello que nos pasó es muy importante, nuestro cerebro se cree lo que le decimos y más si se lo repetimos quinientas veces al día. Si nuestras palabras son «fui una inútil, me enamoré como una tonta de mi ex y me maltrató, le dejé hacer conmigo lo que quiso», nos estamos insultando y responsabilizando de un hecho que fue culpa de otra persona. Sin embargo, es muy diferente decir: «Tuve la mala suerte de toparme con un maltratador y enamorarme de él, no me lo vi venir y cuando quise darme cuenta estaba en una relación abusiva de la que no sabía salir». De esta manera no nos estamos faltando al respeto, ni insultando, ni responsabilizándonos de algo que fue culpa de otra persona.

Los discursos que contienen insultos hacia nuestra persona, como «soy un inútil», «no sirvo para nada» o «no me merezco lo que tengo», han ayudado a un total de cero personas a lo largo de la historia. Hablarnos de esta manera nos convierte en meros espectadores de nuestra vida. Hablándonos así nunca podremos tomar las riendas. No fuimos unos idiotas, hicimos lo que pudimos con las herramientas que teníamos en ese momento. Es importante analizar nuestras manchas negras para explicárnoslas de la forma adecuada.

Así que **una de las misiones que tienes leyendo este libro es explicarte tu pasado**. Explicártelo de la forma más honesta y respetuosa posible para entenderlo, integrarlo y para que, cada vez que mires atrás, eso sea lo que veas: tu explicación. Sin infravalorarte por ello, sin odio, sin reproches: con aceptación. Esa es tu historia, por dura o desagradable que haya sido, y no puedes pasarte la vida castigándote por ella. Te darás cuenta de que hubo sucesos que fueron tu responsabilidad, algunos que fueron malentendidos y otros de los que fuiste la víctima, pero el diálogo interno que tienes cuando los recuerdas marcará cómo los revives. Por eso, explícatelo con respeto, coherencia y cariño, pero, sobre todo, de la forma más realista posible. A ti tienes que decirte la verdad.

HAY COSAS QUE DUELEN TANTO

QUE LLEGAMOS A SENTIR PENA

DE NOSOTROS MISMOS AL RECORDAR

POR LO QUE TUVIMOS QUE PASAR,

Y, OYE, NO ES PARA MENOS.

3
¿PERDONAR A QUIEN TE HIZO DAÑO PARA VIVIR EN PAZ?

Una frase que escuchamos mucho es «perdonar para vivir en paz», y es que vivir con odio no es vivir. Sin embargo, personas a las que nos han hecho muchísimo daño nos preguntamos: «¿Pero se puede saber cómo perdono yo a esta persona?». Hay heridas de las que nos vamos a acordar el resto de nuestras vidas, personas que (para mal) nos van a acompañar siempre. ¿Cómo voy a perdonar lo que me hizo si aún me duele?

> Cuando alguien nos hace mucho daño, estamos en todo nuestro derecho de decidir no perdonar a esa persona.

¿Cómo le vamos a pedir a alguien que perdone a un asesino, a un violador o a un maltratador? No podemos. Las víctimas de estas personas decidirán si quieren y pueden perdonarlas o no, pero de no hacerlo ¿qué les vamos a decir? Nada, es normal. Hay situaciones que nos superan, dolor que se nos queda grande y seres humanos muy malvados en la tierra. Cuando alguien está sufriendo por el dolor que le ha causado un tercero y a esta persona le decimos: «Pero perdónale, por ti, no por él», le estamos haciendo un flaco favor. Somos seres humanos y no tenemos por qué saber gestionarlo todo, no tenemos por qué saber qué hacer con todas las emociones que sentimos, no tenemos por qué estar preparados para todo lo que se nos venga encima. Ni perdonar a todo el mundo, no somos la Iglesia.

En todas las definiciones que leo de la palabra «perdonar», me encuentro con la palabra «olvidar» o sinónimos. Olvidar algo que nos hizo daño es imposible (a no ser que nos demos un golpe en la cabeza, entre otras alternativas nada recomendables), y liberar a quien nos lo hizo, a veces, podemos sentir que es injusto. Por eso, no nos presionemos con «perdonar por nuestro bien» y todo eso que nos dicen si no nos sale, si no podemos. Es totalmente lícito decir: «He decidido no perdonarte lo que me hiciste, voy a seguir mi vida y a trabajar en las secuelas que me dejó, pero a ti no te libro de culpa».

Ahora bien, como he dicho antes, vivir con odio no es vivir y, por mucho daño que nos haya hecho alguien, si nos pasamos los días recordándolo y regodeándonos en aquello, nos estaremos quedando atascados en el pasado.

Hablando de quedarnos atascados en el pasado... Sin querer, esto nos puede suceder. ¿Cuántas veces nos habremos sorprendido repitiendo y hablando una y otra vez de lo mismo? Cuando algo nos duele mucho, puede suceder que, sin querer, lo repitamos y hablemos de ello con mucha frecuencia. Lo que estamos tratando de hacer, a nivel inconsciente, es darle un sentido, es repasarlo una y otra vez para acabar de encajarlo. Lo que pasa es que, a veces, por muchas vueltas que le demos y mucho que lo repitamos, no encajan las piezas. Nos olvidamos de que en esa historia no fuimos los únicos participantes y que no todo el mundo es como nosotros, que lo que tiene todo el sentido en nuestra cabeza no lo tiene en la de otro, y viceversa.

Si ya le hemos dado todas las vueltas posibles, si lo hemos repetido quinientas veces, explicado de mil maneras diferentes y, aun así, seguimos sintiendo la necesidad de hacerlo, es momento de parar.

Es momento de parar porque eso no está ayudando a nadie, ni a quien nos escucha ni a nosotros mismos. Así no se progresa. Quizá es el momento de aceptar que lo que nos hicieron no tiene una explicación racional (al menos en nuestra cabeza), por mucho que la busquemos. Aceptar que nos hicieron daño y punto. Sin buscarle las cinco patas al gato, sin buscar todas las alternativas posibles, porque eso genera ansiedad, dolor y nos hace revivir el daño una y otra vez. Nos hizo daño y ya, nada más. Da igual por qué aquel día dijo aquello a aquella hora, da igual por qué lo hizo de aquella manera con aquella persona, no importa. Soltemos eso. Soltemos la necesidad de encajar todas las piezas para que tengan sentido en nuestra cabeza, no va a solucionar nada, no va a mejorar la situación. Aquello pasó, sea como fuere, ya pasó.

Por lo tanto, no se trata de perdonar al otro si no queremos, no tiene nada que ver con la otra persona, de hecho, se trata más bien de sacarla de la ecuación, de soltar. Se trata de aceptar lo que nos hizo y soltarlo para poder vivir más centrados en el presente. Que decirlo es muy fácil, que no tenemos un botón de «soltar», que ojalá. Lo sé, pero ¿cuál es la otra alternativa? ¿Vivir y tratar de avanzar agarrándonos a aquello? No suena bien. Aunque nos cueste, porque al principio será difícil, se trata de aceptar lo que pasó, aceptar que no fue nuestra culpa y que, independientemente del otro, de si decidimos perdonarle o no, nosotros tenemos que empezar a desvincularnos de lo que nos hizo para que no nos condicione la vida.

Aquello forma parte de tu pasado,
sí, pero no tiene por qué convivir
con tu presente.

SOMOS SERES HUMANOS

Y NO TENEMOS POR QUÉ

SABER GESTIONARLO TODO,

NO TENEMOS POR QUÉ

SABER QUÉ HACER CON TODAS

LAS EMOCIONES QUE SENTIMOS,

NO TENEMOS POR QUÉ

ESTAR PREPARADOS PARA TODO

LO QUE SE NOS VENGA ENCIMA.

TU YO DE AHORA

1
TUS PENSAMIENTOS INCONSCIENTES

1.1. Nuestra vocecilla interior

Si lo que pensamos se escuchase en voz alta, no tendríamos amigos, ni familia, ni pareja. Viviríamos en guerra con todo el mundo, esto es así. ¿Por qué? Porque no controlamos lo que pensamos en todo momento, y no pasa nada. Todos juzgamos, criticamos y pensamos cosas terribles, pero gracias a Dios eso es algo que no se sabe, solo lo sabemos nosotros. Esa vocecilla interior, que va hablando sin filtro porque sabe que nadie la oye, no eres tú. Esa voz puede ser muy cruel, incluso a veces puede decir cosas que nos hacen sentir mal: «¿Cómo he podido pensar eso?». Es normal, todos tenemos una. Es una vocecilla de vieja del visillo que juzga lo que nosotros a nivel consciente no juzgaríamos, que critica de forma hiriente, que suelta comentarios al aire. Esa voz puede ser racista, homófoba, machista, gordófoba... Porque suelta comentarios desde lo más arraigado de nuestra educación e incluso nos puede sorprender cómo, después de habernos deconstruido y autoeducado tanto, ella sigue ahí, erre que erre.

Pues sí, incomprensible, pero ahí está y ahí va a seguir. No la puedes despedir, viene contigo y, cuanto más intentes callarla, más molestará. ¿Qué puedes hacer con ella? Corregirla e ignorarla. Lo digo siempre: **no eres tus pensamientos inconscientes, eres la voz que los corrige**. Tú no eres esa vocecilla malvada que va criticando todo lo que te has educado en no criticar, no. Tú eres quien la corrige, la voz que se dice a sí misma: «Si esta chica lleva una minifalda es porque es libre de vestir como le dé la gana, no porque sea una fresca», esa voz eres tú.

Una de las labores que vamos a tener en la vida es educar esa voz interior llena de prejuicios, un trabajo que no acaba nunca, pero que cada día se hará más fácil. Esto forma parte de la deconstrucción, de criticar y cuestionarse aquello que llevamos integrado desde bien pequeños. Os pongo algunos ejemplos:

Cuando vemos de fiesta a un hombre que acaba de ser padre, no pensamos nada. Simplemente, que está de fiesta. Sin embargo, si vemos en la misma situación a una mujer, pensaremos: «¿Y el bebé? ¿Esta no acababa de ser madre? ¿Dónde lo ha dejado? ¿Qué ha hecho con él? Menuda madre...». Sin querer, le estaremos atribuyendo unas obligaciones a la madre que no le estamos atribuyendo al padre. ¿Por qué? Porque nos hemos educado en una sociedad patriarcal en la que, entre otras cosas, es la madre la mayor responsable del bebé. Podemos tratar de justificar nuestros pensamientos diciendo que «es que es por dar el pecho», pero solo sería una justificación estúpida para tapar micromachismos interiorizados, porque, si pensamos un poquito más allá, no todas las madres dan el pecho, y, aunque ella lo hiciera, esto no le impide salir de casa y disfrutar un rato.

Justificar nuestra voz interior cargada de prejuicios no nos ayuda a crecer como personas, al contrario. Esto es lo que le sucede a quien excusa su machismo hablando de las cosas que hacen mal las mujeres. ¿Cómo sucede esto? Pues de la siguiente manera:

Al escuchar a alguien defender el feminismo o quejarse al tener conocimiento de que han asesinado a otra mujer, esa persona siente rechazo. Siente rechazo por tener el machismo muy interiorizado y, en lugar de cuestionarse por qué siente lo que siente, busca argumentos para justificarlo. ¡Meeeec! Error. Aquí es cuando de repente suelta: «Y la de hombres que mueren a manos de sus esposas, ¡¿qué?!». Esta persona no se ha preguntado por qué siente lo que siente, si tiene sentido sentirlo o no, de dónde vienen todos esos sentimientos y emociones que se le despiertan al escuchar hablar sobre feminismo... Simplemente elige la opción más fácil: justificar una creencia firme y arraigada que tiene, de la que no puede deshacerse fácilmente, buscando argumentos basura. Digo argumentos basura porque esta persona no ha dedicado ni diez minutos de su tiempo a investigar sobre el tema, pero ha escuchado esto en alguna ocasión y ha pensado: «Genial, ya tengo frase en respuesta a las "feminazis"». ¿Qué está pasando en realidad? Que, en lugar de cuestionarse por qué siente ese rechazo hacia el feminismo, está justificándolo. ¿Por qué? Porque es más fácil emplear el argumento que escuchaste hace dos semanas que tratar de deconstruirte.

No es trabajo fácil corregir esa vocecilla interior, porque no solo habla, sino que también nos despierta emociones, sentimientos y sensaciones. Si has crecido en el lecho de una familia muy racista, es probable que, cuando veas a alguien de piel oscura, tu vocecilla interior te diga que no te acerques y despierte en ti una sensación de asco, de rechazo. Todo esto es totalmente injustificado porque esa persona no ha hecho absolutamente nada, pero la educación que has recibido sale a relucir. En ese momento, tras toda tu vida escuchando a tu familia hablar con desprecio sobre las personas negras, puedes elegir dos caminos: emplear sus mismos argumentos y decir que delinquen más que las personas blancas, o preguntarte de dónde viene todo eso que estás sintiendo, cuestionarte y corregirte. ¿Cuál es el camino fácil? Evidentemente, repetir como un loro lo que has escuchado durante toda tu vida. **¿Cuál es el camino que te hará crecer como persona? Cuestionarte y autoeducarte.**

Nuestra vocecilla interior no solo habla, y por eso corregirla es el camino difícil. Tenemos que luchar contra lo que nos dice, pero también vamos a tener que batallar contra lo que nos hace sentir. Es una pena, pero no basta con mandarla callar. Es aquí donde nace la autoeducación, en el momento en el que tenemos que parar y decirnos a nosotros mismos: «¡Hey, hey, hey! ¿Qué pasa aquí? ¿Por qué siento esto?».

Vamos a verlo con un ejemplo, paso a paso.

Nos cruzamos con una mujer a la que los estereotipos de cuerpo perfecto que llevamos interiorizados consideran «gorda» y va en pantalón corto. **«¿Cómo se atreve a ponerse esos shorts con las piernas que tiene?»**, nos dice nuestra voz interior. Empezamos a sentir una especie de rechazo hacia esta persona, la cual no nos ha hecho absolutamente nada y simplemente ha pasado de largo. En este momento, justo en este preciso instante, es cuando debemos elegir el camino fácil o el difícil.

Elegimos autoeducarnos (el difícil) y nos decimos: «Uy, ¿por qué he dicho eso y por qué estoy sintiendo rechazo?». Es probable que nuestra vocecilla nos trate de justificar lo que hemos pensado con un «es que estar gordo/a no es saludable», por ejemplo.

Bien, ahora toca cuestionarse. Somos buenísimos cuestionando y debatiendo con todo el mundo, pero, cuando llega el momento de hacer lo mismo con nosotros mismos, se nos da fatal. Nos decimos: «Querida yo, tenemos que hablar... ¿Realmente te importa la salud de esta persona? ¿De verdad estás sintiendo este rechazo porque te preocupa su bienestar? ¿O es que es una forma de justificar lo que estás sintiendo? ¿Estar gordo/a es sinónimo de tener una mala salud? ¿Te has informado sobre si todas las personas gordas tienen problemas de salud? ¿Sabes algo tú sobre la salud de esta persona?». En este momento, nos estamos cuestionando. Existen miles de millones de preguntas que podemos hacernos en ese momento, preguntas que nos llevarán a otras preguntas y nos harán cuestionarnos más cosas. No pasa nada, está bien.

Tras cuestionarnos el motivo por el cual hemos sentido ese rechazo acompañado de ese juicio (prejuicio) tan gratuito, toca corregirnos. **Corregirnos significa reñirnos desde el cariño**, hacer entender a nuestra vocecilla interior por qué no tiene razón. Nos decimos algo parecido a lo siguiente: «No tienes ni idea sobre la salud de esa mujer, no trates de justificar la gordofobia interiorizada que sientes con argumentos vacíos. Aunque esta persona tuviese problemas de salud, a ti te tendría que dar igual porque no es tu vida y, en el caso de que te importase realmente su bienestar, lo que deberías hacer es empatizar y tratar de ayudar (si te lo piden), no juzgar. Juzgar y criticar de forma dañina no ayuda a nadie: ni a ella, ni a ti». Con esto no solo estamos corrigiendo el argumento de «es que es malo para la salud», sino que vamos más allá con el «aunque lo fuera, no sería asunto tuyo». Ya que nos corregimos, nos corregimos bien. Quitándole a nuestra vocecilla interior cualquier oportunidad de rebatirnos. Ahora puedes imaginarte las discusiones que tengo con mi vocecita, porque para explicar esto he tenido que pensar mucho, pero mucho.

Tras la parte en la que nos corregimos, viene una muy importante que no hay que olvidar, porque nos hace más humanos: empatizar. ¿Cómo hacemos esto? Poniéndonos en el lugar de la persona a la que hemos prejuzgado. Hay muchas maneras, pero un ejemplo sería: «Además, otra cosa de la que no tienes ni idea es del trabajo interno que le puede haber supuesto a esa persona ponerse pantalones cortos, como para que ahora vengas a juzgarla por cómo lleva dos trozos de tela. No sabes si esta persona sale a la calle sufriendo por pensar que alguien como tú la hará sentir mal por su cuerpo, no sabes si ha sido difícil para ella conseguir aceptarse y quererse tal y como es». En esta parte es en la que realmente estamos creciendo como personas, porque estamos pasando de criticar y juzgar a ponernos en la piel de la otra persona.

Finalmente, para ponerle la guinda al pastel y acabar bien la lección que nos hemos dado a nosotros mismos, nos explicaremos por qué creemos que hemos pensado y sentido ese rechazo. Por ejemplo: «Haberla juzgado por llevar pantalones cortos es fruto de lo interiorizados que tienes los cánones de belleza y de lo normalizada que está la gordofobia en la actualidad. La realidad es que esa mujer no ha hecho nada para merecerse ese prejuicio y que tiene derecho a vestir como quiera». De esta manera, indagaremos un poquito en las raíces de nuestra educación, crianza y experiencias y practicaremos el autoconocimiento.

Está muy bien conocer
gente nueva, pero lo principal
es conocernos a nosotros mismos.

TENEMOS QUE LUCHAR CONTRA

LO QUE NOS DICE NUESTRA

VOCECILLA INTERIOR,

PERO TAMBIÉN TENEMOS

QUE BATALLAR CONTRA

LO QUE NOS HACE SENTIR.

La forma de hablar que he empleado de ejemplo puede sonar un poco brusca, pero podemos elegir hablarnos con más cariño y empatía con frases como «sé que no lo haces con mala intención, pero la verdad es que estás dejándote llevar por tus prejuicios». Cómo nos dirijamos a nosotros mismos en ese momento es una decisión propia, lo importante es que nos cale el mensaje.

Nadie mejor que uno mismo sabe cómo explicarse las cosas.

Una vez que nos hemos corregido varias veces lo mismo, ya no hará falta soltarnos semejante sermón cada vez que nuestra vocecilla interior haga de las suyas. Bastará con un «ay, cállate y deja que los demás hagan lo que quieran con su vida».

Como hemos podido ver, no elegimos lo que dice nuestra vocecilla, pero sí cómo respondemos a ella. A todo esto que acabamos de ver lo llamamos «autoeducación» y, en resumen, quedaría resuelto en las siguientes fases:

1. Darnos cuenta de que pasa algo.
2. Cuestionarnos lo que sentimos y pensamos.
3. Corregirnos.

4. Empatizar con la otra persona.
5. Explicarnos por qué creemos que nuestro primer pensamiento ha sido ese.

Recuerda: tu voz interior puede ser racista, homófoba, machista, gordófoba... Pero eso no significa que tú también lo seas. Corrígela.

Todos tenemos prejuicios, pero también inseguridades, no somos perfectos. Eso significa que en muchas ocasiones seremos nosotros las víctimas de los prejuicios de los demás. Imaginemos que somos nosotros esa chica que va con pantalón corto y no encaja en los cánones de belleza actuales. ¿A quién preferiremos cruzarnos por la calle? ¿A la persona que elige el camino difícil y se autoeduca para respetarnos o a quien elige el camino fácil y, por ello, nos juzga y critica? Evidentemente, la primera opción. Pues de eso se trata, de convertirnos en el tipo de persona de la que nos gustaría rodearnos.

El tema de **«ser la persona que quieres conocer»** es más difícil de lo que parece, porque a veces la vida no lo pone fácil, y convertirse en esa persona no es igual de accesible para todo el mundo. Tras una mancha negra (evento traumático) o situación vital complicada, difícilmente vamos a ser la mejor versión de nosotros mismos y la persona que querríamos en nuestro entorno. No pasa nada y es comprensible, tampoco vamos a castigarnos por ello. Es importante respetar nuestras malas rachas, entender que no siempre podemos ser nuestra mejor versión y que eso está bien. Para esto es importante conocernos bien a nosotros mismos, pero de este tema hablaremos un poquito más adelante.

1.2. ¿Y qué pasa cuando la persona a la que le afectan esos pensamientos inconscientes somos nosotros mismos?

¡Ajá! Esa vocecilla interior no está solo para juzgar a los demás, sino que también cumple su función con nosotros. Esta voz es la que nos transmite todas nuestras inseguridades, miedos, sentimientos y pensamientos más arraigados. Digamos que es el medio por el cual nos enteramos de algunas cosillas no resueltas que tenemos por ahí.

Esta voz es la que nos desprecia cuando nos miramos al espejo, la que nos dice que no nos vemos bien, que hemos ganado o perdido demasiado peso, que los demás se van a dar cuenta y nos van a juzgar por ello, que se nos marcan demasiado las ojeras, que hoy tenemos mala cara... Ella es. También es la que **nos culpabiliza y nos machaca** por los errores que cometemos, la que nos dice que no valemos nada, que nunca encontraremos a alguien que nos quiera, que nos vamos a quedar solos... Ella es.

Y qué daño hace, ¿verdad? Cuántas veces nos habremos pasado horas escuchándola como meros espectadores, cuántos planes habremos cancelado por sus palabras, cuántas veces habremos llorado y sufrido por sus opiniones... ¿Cuántas? Más de las que podemos recordar, muy seguramente.

No vamos a decir que lo que nos cuenta no tiene sentido, que no tiene que ver con nosotros o que no significa nada, porque realmente lo que está haciendo es sacar a la luz cosas que llevamos muy adentro. **Por eso duele, porque lo que nos cuenta nos resuena.** No nos deja con una sensación extraña, sino que nos hace conectar con algo que nos hace daño, algo no resuelto, algo que está muy arraigado en nosotros. Es por este motivo por el cual no debemos ignorarla, al menos en un principio.

Primero, escuchemos qué nos dice. Imaginemos que estamos mirándonos en un espejo, probándonos bikinis para ir hoy a la playa con nuestros amigos. Nuestra vocecita interior, de repente, aparece y nos dice: «Se te ve fatal, estás gordo/a y lo van a pensar todos».

En ese momento, también tenemos dos opciones, como antes.

- La primera es creernos todo lo que nos dice y actuar en consecuencia, quedándonos en casa para evitar más sufrimiento.
- La segunda sería la que ya conocemos: tener una charla con nosotros mismos, pero con mucho cariño, porque la persona a la que juzgamos ahora nos está escuchando.

En este caso, ¿quedarnos en casa nos hace débiles? No. Si el malestar que nos supondría ir a la playa es tan grande que preferimos quedarnos en casa, está bien. Sería recomendable que en algún momento nos propusiéramos afrontar este problema, con ayuda profesional o no, para no vivir siempre con este dolor y dejando de hacer cosas que nos hacen felices, como es ir a la playa con nuestros amigos, por inseguridades. Lo ideal sería no permitir que estos miedos nos condicionasen, pero, claro, esto es fácil de decir y muy difícil de llevar a la práctica. Cuanto menos alarguemos el permitir que nuestras inseguridades dominen nuestra vida, menos crecerán y menos se apoderarán de nosotros, esto es así.

Sin embargo, como es muy difícil enfrentarse a ellas, podemos tomarnos un tiempecito de asimilación y prepa-

TU VOZ INTERIOR PUEDE SER RACISTA,

HOMÓFOBA, MACHISTA, GORDÓFOBA...

PERO ESO NO SIGNIFICA QUE

TÚ TAMBIÉN LO SEAS. CORRÍGELA.

ración para la acción. En estos casos, contar con ayuda de las personas que nos quieren o profesionales de la salud mental es un gran empujón. Una vez que empecemos, debemos comprender que es normal recaer, tener días peores y momentos en los que las inseguridades ganen la batalla. ¡No pasa nada! Hacemos una pausa, validamos nuestras emociones, nos permitimos estar tristes y volvemos a la carga cuando podamos.

Hagamos lo que hagamos, lo importante es que nuestras inseguridades no nos condicionen la vida, porque tenemos dentro a una personita que se muere de ganas por salir de la jaula en la que la encierran y merece divertirse y disfrutar igual que el resto.

Retomando lo que decíamos antes, **la segunda opción sería el diálogo interno**. Hablar con nosotros mismos para ver qué nos sucede, comprendernos y tratar de autoeducarnos. En este momento, es importante que nos digamos las cosas como se las diríamos a nuestra mejor amiga o a alguien a quien apreciamos mucho: con cariño, delicadeza, empatía, paciencia, asertividad.

«Eh, no te hables así, no seas tan cruel contigo. ¿De verdad piensas que los demás van a estar pendientes de cómo estás físicamente? ¿Y, si se fijan, crees que te van a querer menos por ello? Si así fuera, no serían buenos amigos, y no es el caso. ¿Vas a renunciar a un día genial de playa por inseguridades? ¿Y qué vas a hacer el resto de las veces que te inviten a un plan en bikini? ¿No vas a ir nunca? No te mereces eso, te mereces ir y disfrutar».

No es fácil, al contrario, es complicadísimo, pero lo que seguro que no es una solución es anular el plan. Por ello, podemos probar y proponernos hacer acercamientos progresivos hasta que nos sintamos más cómodos, como, por ejemplo, ir en bañador. Otra opción es hablar de nuestras inseguridades con nuestros amigos y hacerles saber que ir a la playa, para nosotros, está siendo un sacrificio por este motivo, para que nos echen un cable y no lo llevemos en secreto. Además, quizá nos sorprendamos y nos demos cuenta de que no somos los únicos a los que nos da reparo exponer nuestro cuerpo en público. Ser delgado no es sinónimo de estar cómodo con tu propio cuerpo, recuerda eso.

En este diálogo interno que debemos tener con nosotros mismos, también debemos corregirnos y conectar con lo que sentimos.

Debemos entender que, en este caso, dejar de ir a la playa no es una solución, porque nos merecemos disfrutar. Nos merecemos pasarlo bien y recopilar momentos de felicidad, porque, cuando lleguemos a los setenta y miremos atrás, eso será lo que recordaremos. Ni el bikini que llevábamos, ni los michelines que se nos veían, ni la celulitis, ni las estrías. Recordaremos lo bien que nos lo pasamos, la medusa que le picó a Adri, la sombrilla que se le voló a Vicky y los juegos que hicimos con el resto del grupo. Eso será lo que recordemos. Eso es lo que nos merecemos vivir. Y, si hemos ganado peso y los demás se dan cuenta, pensarán que hemos ganado peso y punto. Y, si tenemos granitos, estrías o celulitis, los demás lo verán y serán conscientes de que los tenemos, como ellos y como otros miles de millones de personas. ¿Tan terrible es? Para nuestra cabecita sí, pero realmente ¿tan malo es? No van a pensar nada más que eso y, si nos juzgasen y nos quisieran menos por ello, nos estaríamos equivocando de amigos.

A veces, por cursi que pueda parecernos, comprenderse, abrazarse, llorar y prometerse que curaremos ciertas heridas para que dejen de doler es una preciosa forma de conectar con uno mismo.

Tratarnos como si fuésemos nuestro propio mejor amigo.

En ocasiones, por muchas veces que nos repitamos las cosas y diálogos que tengamos con nosotros mismos, veremos que no siempre funciona y que nuestra voz interior sigue intentando que nos autosaboteemos. En estos casos, y teniendo en cuenta que ya hemos elaborado y reelaborado el diálogo interno, podemos mandarnos callar. Ya nos conocemos, tenemos identificado qué es lo que sucede, sabemos que nuestra cabecita no siempre está de nuestro lado y que lo que nos dice esa vocecilla no tiene ningún sentido. Por ejemplo: «¡Ay, calla! Esto son mis inseguridades, no es real. No pienso hacerles ni caso». Esta actitud puede ser muy útil en casos en los que nuestros miedos nos gritan que no podremos hacer algo, que no seremos capaces y que fallaremos.

De la misma forma que empleamos este diálogo interno para no hacernos (más) daño, también podemos usarlo para controlarnos ante situaciones de ira, pero de esto hablaremos más adelante.

Al final, aprender a sobrellevar el diálogo interno se convierte en una herramienta fundamental para aquellas personas que nos pasamos todo el día dando vueltas a las cosas.

Recuerda: no eres tus pensamientos inconscientes, sino la voz que los corrige.

2
TIENES QUE SABER QUIÉN ERES

Vivimos, pasan los días y, bueno, quedamos con amigos, conocemos a personas nuevas, nos enamoramos, nos reunimos en familia, nos juntamos con compañeros de trabajo... Que socializamos, vaya. La mayoría nos pasamos el día rodeados de gente, ya sea voluntaria o involuntariamente.

Nos levantamos rápido por la mañana para ducharnos, vestirnos, desayunar (con suerte) e irnos a trabajar. Cuando tenemos un rato libre, hacemos planes con otras personas, lo importante es entretenerse, que haya ruido. El silencio no nos gusta. Por eso nos ponemos la televisión durante la siesta. ¿Para qué? ¡Si nos vamos a quedar dormidos! Es igual, tiene que darnos la sensación de que no estamos solos en casa. Nada más despertarnos, nos ponemos la radio, música, un podcast, la televisión, un vídeo de YouTube. Lo que sea, pero que se escuche algo de fondo. Cuando vamos solos por la calle, aprovechamos para llamar por teléfono y enviar notas de voz, no vaya a ser que tengamos que hablar un rato con nosotros mismos.

¿Veis? Parece que no, pero **nos cuesta pasar tiempo con nosotros mismos**. «Pero si yo paso mucho tiempo sola, Esmi», me dirás. Sí, pero no se trata de pasar tiempo solo, se trata de pasar tiempo contigo, y nos pasamos los días huyendo de eso, del silencio. Nos podemos pasar cinco horas tirados en el sofá, pero viendo episodios de una serie de Netflix.

¿Sabes qué pasa? Que un día llegas a las ocho de la tarde, después de un largo día de ruido, entretenimiento, conversaciones, risas y movimiento, y la casa, en silencio, se te cae encima. Has pasado un día estupendo, has estado trabajando o quizá con tus amigos, pero al llegar a casa sientes un enorme vacío. Así que abres la puerta, enciendes las luces, dejas el bolso, te preparas algo de cenar y, si no te pones una serie, la casa se te queda grande.

¿Esto por qué ocurre? Porque te pasas los días ignorando que vives contigo, centrándote en todo lo de fuera y olvidando lo que hay dentro. Pasan los años y no sabes quién eres. Tu cuerpo reacciona de determinada manera ante determinadas situaciones y tú te limitas a mirar como un mero espectador lo que te sucede, sin preguntarte de dónde viene. Sientes cosas y te limitas a reaccionar ante estas emociones, pero no tratas de indagar bien en ti, en qué sucede por ahí dentro. Cuando te piden que te describas, que digas cómo eres, te limitas a repetir que eres una persona simpática, que da mucho por las personas a las que quiere, pero que tiene mucho carácter. Muy bien, ¿y? **¿Eso te diferencia de los miles de millones de personas que te rodean? No.** Es una definición básica, sin introspección y que denota que no sabes quién eres, que vives con un desconocido (tú).

Seguramente conoces más a tu pareja o a tu mejor amigo que a ti mismo. ¿Por qué? Porque a esas personas sí les has dedicado tiempo, porque a esas personas sí las has escuchado cuando hablaban y cuando lloraban. Porque por esas personas has hecho el esfuerzo de implicarte, de conocerlas, de preguntarles, de indagar, de analizar. Sabrías decir lo que les gusta, lo que no, lo mejor y lo peor de ellas, podrías anticipar algunas de sus reacciones, si están tristes o están alegres con solo unos segundos de tenerlas delante... Porque has hecho un esfuerzo por conocer a estas personas a lo largo del tiempo.

Así que de eso se trataría, pero contigo. De que te conozcas, pero que te conozcas de verdad, hasta lo que menos te gusta de ti.

2.1. Sé honesto contigo, conócete

La verdad es que, si nuestro entorno lo supiese todo de nosotros, nos querría menos gente. Todos tenemos cositas que nos cuesta reconocer, no somos perfectos y a este mundo hemos venido con pequeñas taras (de esto no se salva nadie). Nos podemos pasar la vida disimulándolas y/o trabajándolas, pero ellas están ahí.

Por desgracia para nosotros mismos, en muchas ocasiones, en lugar de localizarlas, estudiar de dónde vienen y trabajarlas, las omitimos.

¿Qué pasa cuando ignoramos nuestras taritas? Que nos hacen daño a nosotros y a los demás.

No podemos ser todo el tiempo seres de luz, es imposible. Los seres humanos sentimos rabia, celos, odio, envidia, tristeza... Y no pasa nada, está bien. Lo importante es lo que hacemos con eso que sentimos. Nos esforzamos por negar que sentimos cosas desagradables, que no siempre pensamos bien de los demás, que a veces nos cae mal alguien sin motivo, porque nos remueve algo que desconocemos, que en ocasiones sentimos envidia de personas más exitosas (bajo nuestro criterio) que nosotros, etc. Queremos ser perfectos: la novia perfecta, el padre ideal, el mejor amigo del mundo mundial..., pero es imposible.

Esto sucede, por ejemplo, en el mundo de la maternidad, porque está tan idealizada que las madres que no viven el embarazo o el posparto soñado y tan estereotipado experimentan un profundo sentimiento de culpa y soledad. La madre ideal es la que siempre tiene una sonrisa, vive el tener un hijo como lo mejor que le ha pasado en la vida y nunca siente nada negativo hacia su bebé, porque, claro, «es su madre». ¿Con qué nos encontramos? Con madres agotadas por no poder dormir ni una noche, que acaban hasta los ovarios de sus bebés, que se desquician, que necesitan desconectar y que no pueden más. No es raro que haya épocas muy duras que hagan a una madre plantearse si tomó la decisión correcta al quedarse embarazada. Pero ¿cómo va a decir eso en voz alta? Sería una mala madre a ojos de los demás. Así que no lo hace, se lo guarda para ella y cada día de su vida se pregunta qué le falla a su instinto maternal, dónde está esa maternidad tan bonita e idealizada de la que le habían hablado y qué está mal en ella. Nada, no le falla nada. Esto sucede porque está mal visto sentir ciertas cosas.

Es imposible que todo lo que sentimos sea bonito y agradable, no es humano esperar eso de alguien, ni mucho menos de nosotros mismos (que estamos juntos todo el día). Es importante que normalicemos las emociones desagradables, todos las tenemos. Si esas emociones feas, como la envidia o los celos, son muy recurrentes en nosotros, podemos empezar a valorar que cabe la posibilidad de que seamos personas envidiosas o celosas. Puede sonar terrible, pero más terrible es engañarse a uno mismo y cargar a los demás con ello. ¿Cargar a los demás con ello? ¿Por qué? Pues ahora te lo explico...

Por ejemplo, imagínate que ves a tu pareja hablar con una chica, reírse y ser amable con ella, y eso te molesta. Cuando tienes la oportunidad de hablar con él, le recriminas que estaba tonteando con otra. Te enfadas, le haces sentir mal por lo que ha hecho, le acusas de flirtear con otra persona, de ser infiel... Cuando, realmente, él no estaba haciendo nada malo. ¿Qué pasa aquí? Que ignoras o desconoces que eres una persona celosa y depositas en el otro todas esas emociones y sentimientos desagradables que te provoca esa situación por celos. La realidad es que, aunque te cueste admitírtelo a ti misma, tienes un problema con los celos.

¡Ojo! Ser una persona celosa no implica que no podamos cambiarlo y que debamos conformarnos con ello. Todo sentimiento que nos genere malestar a nosotros o a los que nos rodean puede ser trabajado si queremos mejorarlo.

LOS SERES HUMANOS SENTIMOS RABIA,

CELOS, ODIO, ENVIDIA, TRISTEZA...

Y NO PASA NADA, ESTÁ BIEN.

LO IMPORTANTE ES LO QUE HACEMOS

CON ESO QUE SENTIMOS.

Lo que vengo a decir es que es importante ser conscientes de cómo somos, por poco que nos guste admitirlo. No hace falta que vayamos gritando a los cuatro vientos todo aquello que hacemos mal, pero sí es necesario que, al menos a nosotros mismos, nos digamos la verdad.

Antes he hablado de la envidia y creo que es importante poner un ejemplo también con ella, ya que es un sentimiento que nos visita muy a menudo y al que ignoramos y tapamos con otras justificaciones (ahora me entenderéis).

Os pongo en contexto: típica *influencer* que expone su maravillosa vida en las redes sociales. Ver esto nos despierta un sentimiento desagradable que, en lugar de preguntarnos qué es y de dónde viene, lo dejamos salir a flote. Nos pone de los nervios y la mínima cosa que hace nos da un motivo para ponerla de vuelta y media. Es un blanco fácil y criticamos cualquier tontería de ella: lo que hace, cómo lo hace, con quién lo hace... Justificamos nuestro odio responsabilizándola a ella de caernos mal: «es que es muy tonta», «en persona no es tan guapa», «es una interesada», «va superoperada», «seguro que está con él por dinero»... ¡Como si alguno de estos argumentos justificase nuestra rabia! Tras tanto odio inmotivado hacia alguien que no nos ha hecho nada..., ¿no se nos ocurre pensar que es envidia? Pues no, pero lo es. Si nos conociésemos bien y hubiésemos hecho un buen trabajo de introspección, sabríamos que esto nos pasa y podríamos gestionarlo, pero, como en lugar de aceptarlo lo negamos, permitimos que ese sentimiento se convierta en veneno (para ella, pero también para nosotros).

Entonces, para empezar, ¿qué debemos hacer? Debemos empezar a plantearnos quiénes somos.

Cuando llegamos a casa, tras un largo día de ruido, conversaciones, cláxones de coches, llamadas, y encendemos la luz y nos sentamos en el sofá..., ¿con quién estamos? ¿Quién es esa persona?

Cuéntate a ti cómo eres, pero cómo eres de verdad, no cómo quieres ser o cómo te ven los demás. Conócete, conoce tus puntos débiles, aquello que te hace perder los papeles, aquello que no te gusta de ti, aquello que te cuesta reconocer. ¿Quieres ser mejor persona? Pues identifica aquello que te lo impide y trabájalo.

Te invito a que te preguntes cosas, a que te critiques (constructivamente), a que seas honesto contigo mismo, a que indagues, a que seas crítico. Los problemas que has tenido a lo largo de tu vida, ¿por qué han sido? Si me dices que todos han sido por culpa de los demás, te equivocas. Si me dices que todos han sido responsabilidad tuya, también. Suelen ser una mezcla de ambas cosas, pero, como ahora no nos importa lo que hicieron los demás, **¿por qué fueron? ¿Qué hiciste tú? ¿Se repite algún patrón de tu conducta?**

No es momento de justificarse, se trata de ser crítico (y justo) con uno mismo.

- ¿Qué errores sueles cometer con los demás?
- ¿Qué sentimientos negativos tienes y de dónde crees que vienen?
- ¿Qué errores has cometido y por qué?

Y, oye, que no solo se trata de lo malo. También tenemos que conocer nuestra parte bonita, porque los errores habrá que trabajarlos, pero las virtudes hay que potenciarlas.

- ¿Qué cositas tenemos que nos gustaría que tuviesen las personas de nuestro entorno?
- ¿Qué se nos da bien?
- ¿Qué talentos tenemos?
- ¿Por qué nos quieren los demás?
- ¿Qué valoran nuestros seres queridos de nuestra forma de ser?

La parte buena es igual de importante que la mala, una habrá que trabajarla y otra habrá que potenciarla. No por hacer esto conseguiremos ser perfectos, tampoco debe ser nuestra intención. Al final, lo que debemos pretender es encontrarnos mejor con nosotros mismos.

La intención es que algún día, cuando sientas algo desagradable o reacciones de una forma inadecuada, te digas a ti mismo: «Hey... Esto lo estás sintiendo por X motivo, trata de gestionarlo, está dentro de ti». Llevado al ejemplo de los celos, podríamos decirnos: «Oye, esto que estás sintiendo son celitos, que ambas sabemos que eres un poquito celosilla... Así que trata de gestionarlo para no acabar pagándolo con tu chico». O bien hablar con tu chico y decirle: «Cariño, sufro bastante de celos y lo estoy trabajando como puedo, no quiero cargarte con ellos porque no son tu culpa, pero verte con esa chica me ha hecho sentir mal, así que, si me notas un poco rara, que sepas que no es tu culpa, hago lo que puedo. Se me pasará». O, lo que es mejor, que te conozcas tanto que te veas venir cómo te pueden hacer sentir o reaccionar ciertas situaciones y, al poder anticiparlas, estas te generen menos malestar: «Mi chico ha quedado con una amiga, yo confío en él, pero me conozco y sé que esto me va a hacer sentir mal, así que voy a hablar un ratito conmigo misma para prepararme para ese momento y, luego, planearé cosas que hacer para tener la mente ocupada».

De eso se trata, de que nos conozcamos tanto que sepamos manipularnos y reñirnos a nosotros mismos (entiéndase). Se trata de decirnos: «¡Eh! Sé por dónde vas y no me gusta un pelo», y ayudarnos a cambiar lo que habríamos hecho de habernos dejado llevar. Al final, no podemos elegir nuestras emociones, pero sí cómo las interpretamos o lo que hacemos con los sentimientos que nos despiertan. Madurar es llegar a conocerse tanto como para aprender a manipularse a uno mismo.

2.2. ¿Qué me gusta hacer cuando estoy solo?

Una parte fundamental de conocerse es saber qué te gusta hacer cuando estás contigo, pero...

¡Qué reparo más tonto nos da hacer cosas solos!

En casa, cuando nadie nos ve, no da tanta cosita, pero... ¿Ir al cine solos? ¿Cenar en un restaurante y pedir mesa para uno? ¿Ir a la playa sin compañía? Uf.

Tendemos a creer que, si alguien nos ve solos y sentados en un bar, pensará que no tenemos amigos, que no tenemos con quién tomarnos ese café. Sin embargo, cuando somos nosotros los que vemos a alguien sentado en una mesa sin acompañante no pensamos nada. No juzgamos, no pensamos que no tiene a nadie, que no ha encontrado a alguien con quien tomarse ese café... No. Es curioso, oye.

Pues malas (buenas) noticias: una de las mejores formas de empezar a conocerse y a caerse bien es pasar tiempo con uno mismo.

Te dejo una lista de ideas de cosas para hacer a solas:

- Coger un libro e ir a tomarte un café en una terraza al sol. Cuando estés allí, trata de disfrutar de la temperatura, de la luz, de lo que te estés tomando, del libro. Mira a la gente que pasa y juega a imaginarte adónde van y ríete de ti misma con las historias que te montas en la cabeza. No leas únicamente, disfruta de ese momento.

- Poner a todo volumen la música que bailabas en tu adolescencia (o con auriculares) y volver a bailarla sin estar pensando en si lo haces bien o mal. Cierra los ojos si eso te hace sentir menos vergüenza de ti misma (cuidado con los picos de las mesas y estanterías).

- Dedicarte una tarde de autocuidado: hazte una mascarilla facial, la manicura y pedicura, masajéate con la crema que más te guste, ponte una mascarilla en el pelo... Cuida cada parte de ti, pero de verdad. Ponte la crema con cariño, hazte la manicura despacio, péinate con tranquilidad... Hazlo todo con amor.

- Vestirte como más bonita te sientas e ir a ver un monólogo. Siéntete una mujer independiente, empoderada, decidida. Sal ahí a reírte sola.

- Ir a ver una película de comedia al cine. Probablemente uno de los retos más difíciles, ya que ir al cine suele hacerse en compañía. Si necesitas dejarlo para el final, está bien. Especifico «comedia» porque creo que el drama ya viene solo, soy muy partidaria de que todo lo que podamos elegir nos dé buen rollete (monólogos, series, música, películas...). Con lo sensible que soy y lo mucho que lo absorbo todo, me sería muy difícil ser feliz viendo películas tristes, series de drama y escuchando música melancólica, la verdad. Cuando estoy triste y me apetece escuchar música dramática (que ya tiene tela), pienso: «No, tía, no, que tampoco es cuestión de meter el dedo en la llaga», y no me dejo ponérmela. Total, no me va a hacer sentir mejor, si yo lo sé, lo tengo muy comprobado. Pero, bueno, que puedes ver la película que quieras.

- Hacer una de esas recetas que guardas para hacer «algún día»: baja al supermercado, compra lo que te haga falta para llevarla a cabo y hazla, pero con cariño. Prepárala con tranquilidad, con paciencia y lo mejor que puedas, no con prisa por ver el resultado.

- Auriculares, música, elegir la ropa de deporte que más te favorezca y salir a caminar o a correr. Cuando estés en ello, disfruta de la música que escuchas, ponte canciones animadas para cuando cojas más ritmo, o canciones como *Crazy in Love* de Sofia Karlberg, que te hagan sentir sexy y empoderada. Hablo mucho en femenino porque soy una mujer, pero que se entienda que todo esto también es aplicable a un hombre.

- Probar con la meditación. Hay recursos muy útiles para empezar a ponerla en práctica: el canal de YouTube de Meditación3 o con aplicaciones como Petit Bambou.

- Poner incienso, encender un par de velas, reproducir la lista *Yoga & Meditation* en Spotify y leer mientras te bebes un café con leche (o lo que te apetezca). Es importante que estés centrada en el momento, incluso en el tacto que tienen las páginas del libro que vas pasando.

- Ir a la librería más grande de tu ciudad a comprarte un libro nuevo, pero antes de comprarlo paséate por toda la tienda: mira los libros, ábrelos, huélelos, apúntatelos... No vayas simplemente a comprar un libro, disfruta también del proceso.

- Comprar un puzle y empezar a montarlo. ¿No te gustan? Compra un libro de mandalas y empieza a colorear. ¿Tampoco? Compra barro, arcilla. Busca por internet cómo hacer un *bullet journal* (recomendadísimo). Esto es, quizá, lo que más fuerte te puedo recomendar para pasar tiempo contigo: el arte. Aunque no se te dé bien al principio, no te rindas. Hay mil vídeos de YouTube que pueden ayudarte a dar los primeros pasos.

- Probar el yoga. Si tienes dudas, puedes empezar con Xuan Lan Yoga, en YouTube, pero cuidado con no desmontarte.

- Tomarte una tarde para ordenar y limpiar tu armario y cajones. En algunas ocasiones, ordenar lo de fuera nos pone orden por dentro. Hazlo con música de fondo, canta mientras tanto, ríe, llora, baila, lo que necesites. Sea lo que sea lo que hay dentro de ti en ese momento, que salga.

Como verás, muchas de estas ideas no son simplemente «lee un libro» o «tómate un café a solas». ¿Sabes por qué? Porque, si te lo planteas así, las ganas no son las mismas. Tienen que convertirse en actividades placenteras, en las que disfrutes de ti y del momento presente. Incluso aplicando un poquito el *mindfulness* en nuestras actividades del día a día, pero, sobre todo, en el tiempo que nos dedicamos a nosotros. ¿Cómo? Siendo conscientes del presente, del aquí y ahora, sintiendo cada cosa que vemos, tocamos, escuchamos, hacemos... Por ejemplo, si te estás duchando, trata de apreciar el tacto del agua, cómo cambia la temperatura, el rayo de luz que entra por la ventana, el olor del jabón... ¿Puede sonar como una tontería? Sí, pero ¿funciona? Pues también. Al principio es probable que sea complicado, que nos entretengamos con otras cosas y que sea difícil mantener la atención en las sensaciones físicas, pero es cuestión de práctica. No te rindas a la primera, porfi.

Como última recomendación, te aconsejo que ordenes las actividades de la lista de más fácil a más difícil (es obvio por cuáles debes empezar) y que, una vez que hayas empezado a hacer algunas de las que te he propuesto, añadas tú otras nuevas.

2.3. Tus días tontos, permítete estar triste

Hay días que son una mierda, sea por el motivo que sea: por haber dormido mal, una discusión desafortunada, una mala respuesta que nos ha afectado más de la cuenta, el aniversario de un día que no queremos recordar, un «mal» momento del ciclo menstrual (somos cíclicas, recordémoslo)... En fin, infinidad de motivos pueden llevarnos a tener un día triste.

Podemos optar por negar ese día triste, tratar de fingir que estamos bien y hacer cositas para no pensar en lo que nos duele. Esto no está mal, si tratas de bloquear la tristeza quizá algún día revientes, pero mal plan no es. Ahora, en serio, no tiene por qué ser malo, pero si lo haces siempre no estás escuchando a tu cuerpo. Y, si no escuchas a tu cuerpo, enfermarás.

Si algún día estás triste, tienes ansiedad o te encuentras mal anímicamente, escúchate.

Estar triste es normal y preguntarnos qué nos pasa es sano. ¿No le preguntarías a tu amigo qué le sucede si lo vieses decaído? Pues contigo igual. Si estás pochita o pochito, túmbate y pregúntate qué te sucede. Ahí van unas preguntas que puedes hacerte:

- ¿Qué me pasa?
- ¿Desde cuándo me encuentro así?
- ¿Cuál fue el detonante de este malestar?
- ¿Ha habido algún motivo más? Quizá... ¿pequeñas cosas que se han sumado?
- ¿Qué necesito que cambie para encontrarme mejor?

Una vez identificado todo esto, podemos centrarnos o no en la solución, pero quizá mejor lo dejamos para después, a no ser que requiera de intervención inmediata. Si se puede solucionar en el momento, genial. Si no, vamos a tener que tomarnos un día para estar tristes, y no pasa nada, está bien.

Conocerte también implica saber qué necesitas cuando estás triste, qué pide tu cuerpo cuando está así y dárselo. Hoy es tu día de mierda, tu cuerpo te pide que le dejes tener ese día de mierda y se lo vas a dar. Así que, una vez identificado el motivo de tu malestar (o más o menos localizado), permítete estar triste, respeta los sentimientos que se van despertando en ti y abrázate y cuida de ti como cuidarías de una amiga en tu situación.

«Al mal tiempo, ~~buena cara~~» cara de mierda, que para algo está.

Cuidado con los casos en los que estos días se repiten mucho. Si sentimos malestar con mucha frecuencia y nos supone un problema en nuestro día a día, debemos pedir ayuda profesional.

3
LLÉVATE BIEN
CON TUS EMOCIONES

Yo te voy a contar algo y tú decides si te sientes identificado con ello, ¿vale? Venga.

Alguien te dice o hace algo que te ofende, que te remueve, que te enfada. Empiezas a sentir un popurrí de emociones que no sabes muy bien de dónde vienen, pero ninguna es agradable. Ese comentario o acto por parte de la otra persona te debe de haber recordado a otras situaciones dañinas, se te ha sumado a una situación de estrés, te ha cogido en un mal momento, ha venido de una persona de la que estás harta... Vete a saber. El caso es que se te remueve todo por dentro. Empiezas a sentir la necesidad de llorar, de contestarle con toda tu rabia, de huir de ahí, de espachurrar a alguien... Si lloras, sentirás vergüenza. No te apetece nada llorar delante de esa persona, pero no puedes evitarlo. Odias parecer débil y sabes que es lo que la mayoría piensa de alguien que llora, por desgracia. Así que lloras, intentas disimularlo, se te nota más, acaba siendo evidente y te enfadas contigo mismo por no haber sabido gestionarlo mejor. Por otro lado, si te enfadas, explotas. Explotas por eso y por todo lo que no has dicho en otras ocasiones. Contestas mal, alzas la voz... Quizá dices cosas con sentido y tienes razón, pero, cuando explotas de esta forma, nadie te escucha. O quizá, en lugar de enfadarte o llorar, optas por guardártelo todo bien adentro, donde nadie lo vea. Tratas de poner tu mejor cara y te vas a casa, donde lloras desconsoladamente o explotas contra quien no tiene la culpa. Sin embargo, cuando pasa un rato y estás más relajada, lo ves con perspectiva y no te parece para tanto. Se te ocurren mil maneras de responder mejor, pero ya es tarde.

Voy a empezar dándote la chapa con un poquito de teoría.

Las emociones son reacciones que representan cómo nos adaptamos a lo externo.

No hay emociones malas o buenas, hay emociones agradables (como la alegría) y desagradables (como el miedo o la tristeza). ¿Por qué? Porque la función que tienen es adaptativa, nos preparan para actuar de forma eficaz ante un estímulo. Tienen muchas utilidades, entre las cuales una es la relación con los demás, y otra, el conocernos mejor a nosotros mismos. La parte importante y de la que venimos a hablar es de **cómo tomamos conciencia de nuestras emociones y, sobre todo, de cómo las gestionamos**.

Aunque esto da para otro libro, quiero hablarte sobre cómo atiendes tú a esas emociones. Para que se me entienda mejor, emplearé el ejemplo de la historia que he explicado antes.

En el momento en el que alguien nos dice o hace algo que nos remueve por dentro y empezamos a sentir ese popurrí de emociones desagradables, debemos parar un instante. Pongámonos en la situación de que estabas discutiendo con tu pareja cuando de repente ha dicho algo que te enfada muchísimo. Esto no se aplica a relaciones de maltrato, este ejemplo es válido en el contexto de una relación de pareja en la que ambas personas se quieren, pero discuten como cualquiera. Si estás siendo maltratada o lo sospechas, pide ayuda, el problema no está en ti ni en cómo gestionas tus emociones.

Imagina que tu pareja ha tocado el botón incorrecto diciendo algo que te ha molestado mucho y has empezado a sentir como por tus venas corre lava en lugar de sangre. Vale, estás sintiendo de todo, no sabes muy bien el qué ni por qué, pero lo que sí tenemos muy claro es que, si no sabemos lo que sentimos, la reacción que vamos a tener difícilmente irá acorde a los acontecimientos. **¿Qué opciones tienes?** Abrir el archivo de «cosas que puedo echarte en cara» y entrar en el juego de a ver quién la hizo más gorda, gritarle que cómo ha podido decirte eso y comenzar un bucle de a ver quién alza más la voz, irte pegando un portazo... Tienes muchas opciones, pero, **si las emociones nos están sobrepasando y nos impiden dar una respuesta adecuada, lo mejor que podemos hacer es respirar y retirarnos un momento de la situación**. Recordemos que estamos en nuestro pleno derecho de decir: «Dame un momento». Nos retiramos y nos tomamos una pausa para escuchar lo que nuestro cuerpo nos está diciendo. «¿Qué me pasa? ¿Qué siento?».

Observa lo que hace tu cuerpo y trata de relajar los síntomas: taquicardia, ganas de llorar, calor, mucha ira... Cierra los ojos y respira, acaríciate, cálmate y repítete a ti misma: «Estás poniéndote muy nerviosa y no es bueno para ti, vamos a intentar relajarnos» o «Venga, va, tranquila, estás percibiendo una amenaza y es normal que reacciones a la defensiva, pero quizá no es tan amenazante como lo percibes. Vamos a relajarnos para poder pensar con claridad». Puede parecer una tontería, pero ¿cómo calmarías a tu amiga? Pues lo mismo. **Lo principal es que aprendas a autorregularte, a calmarte a ti misma.** Con cariño.

«¿Qué me está diciendo mi cuerpo?». Cuando estés un poquito más calmada, escúchate. Averigua qué te está diciendo tu cuerpo. ¿Te pide que te vayas de ahí? ¿Por qué? ¿Quiere confrontación? ¿Qué te está viniendo a la cabeza para que esto te enfade tanto? ¿Te ha removido algo? Trata de darle sentido y de explicarte a ti misma qué está sucediendo para entenderte y poder gestionarlo.

«Más allá de toda la mezcla
de emociones manifestándose
en mí, ¿cuál es la realidad?
¿Es tan terrible?».

Una vez que hayas conseguido calmarte a ti misma y hayas entendido lo que estaba sucediendo en ti, puedes decidir cómo vas a actuar sopesando la gravedad real de los acontecimientos y preguntándote si esta forma de responder realmente va a mejorar la situación. Si ambos dejamos de hacer cosas que empeoren la discusión, escalamos. Si no, nos destruimos. ¿Cuál preferimos?

Hay miles de ejemplos y es imposible hacer referencia a todos, además de que no existe una regla universal aplicable sea cual sea la circunstancia, pero lo más importante es aprender a calmarse a una misma con todo el amor del mundo para poder analizar la situación desde la calma y tomar la decisión más sana posible.

Es evidente que no siempre vamos a estar preparados para gestionarlo todo de la manera adecuada, y no pasa nada. Es normal, es sano y está bien, porque no somos ordenadores, pero, en la medida de lo posible, es la opción más saludable para nosotros mismos y, en algunas ocasiones, también para los que nos rodean.

4
LAS PERSONAS QUE NOS DAN MIEDO Y LA NECESIDAD DE APROBACIÓN QUE NOS DESPIERTAN

Hablemos de **cuando nos enfrentamos a alguien a quien consideramos superior o a quien tenemos respeto (miedo)**. Puede ser una jefa, un hermano mayor, un padre o incluso una amiga a la que, por algún motivo, le tenemos mucho respeto (miedo).

Cuando nos toca enfrentarnos a alguien a quien percibimos como una autoridad, es probable que sintamos ganas de llorar, nos paralicemos, no sepamos responder y permitamos que «nos pise». En ese momento también es importante que nos calmemos a nosotros mismos, pero sobre todo que analicemos por qué le otorgamos esa posición de superioridad a dicha persona.

Hay personas que se creen superiores a nosotros y se colocan en un pedestal a sí mismas, pero eso no quiere decir que tengamos que respetar el escalón en el que se han subido y actuar en consecuencia. Esa persona es igual de importante que tú, se merece el mismo respeto que cualquiera y no tiene ningún derecho a pisarte. Sea quien sea. Es muy importante que recuerdes esto cuando te toca enfrentarte a alguien así: es igual que tú y, si te hace sentir que no, está faltándote al respeto. Siéntete libre de decir: «Con tu forma de hablar y actuar, me generas malestar y me haces sentir inferior cuando tengo muy claro que no lo soy, por lo tanto, prefiero alejarme de ti». Alejarte, sí, alejarte.

¿Quieres en tu vida a alguien que te genera malestar o te hace sentir pequeño? ¿Para qué? Deja de buscar la aprobación de personas que son dañinas para ti.

Ciertas heridas de nuestro pasado nos pueden llevar a buscar la aprobación de otros, sobre todo de personas que son duras y críticas con nosotros, cosa que nos hace daño y no entendemos por qué repetimos una y otra vez. ¿Te suena? Pues basta ya, nadie se merece que tengas que demostrarle que eres una persona válida, nadie tiene que venir a darte el visto bueno como ser humano. Lo tienes. Eres válida y mereces respeto y amor, aléjate de las personas que te hagan dudarlo.

En otras ocasiones, les tenemos ese respeto (miedo) por el puesto que ocupan (un familiar autoritario, una mejor posición laboral...), pero aun así, aunque estén por encima de nosotros en algún tipo de jerarquía, tampoco tienen derecho a pasarnos por encima. Eso lo debemos recordar siempre: **no hay posición que justifique que alguien te falte al respeto**. Cuando te toque enfrentarte a alguien así, es normal que te tiemble el pulso y te sude todo el cuerpo, pero trata de relajarte a ti mismo y haz hincapié en bajar a esa persona del pedestal recordando que es un ser humano igual que tú, que no es ningún superhéroe y que, si te falta al respeto o te hace sentir malestar, aunque sea tu padre, madre o jefe, está actuando mal. No es justificable, no tiene derecho a hacerlo por ser quien es, nada. **Si actúas tratando como superior a esa persona que ya de por sí siente que lo es, se crecerá y te tratará como si fueras más inferior aún.** Injusto, pero cierto.

Con respecto a los semidesconocidos que idealizamos, como nuestros jefes, ¿no te ha pasado alguna vez que has conocido de verdad a alguien a quien antes percibías como «superior» y te has dado cuenta de que es un ser humano igual que tú? Pues aplica ese caso al resto de las personas que te hacen sentir lo mismo, piensa que si las conocieses un poco más no las verías así.

5
CÓMO DEBE SER ALGUIEN PARA QUE TÚ QUIERAS QUE FORME PARTE DE TU VIDA, A QUIÉNES VAS A PERMITIR ENTRAR

Entramos en terreno pantanoso: la selección de personal. No puede ser que a cualquiera que se nos acerque le demos la posibilidad de formar parte de nuestra valiosísima vida, y, por desgracia, esto sucede. ¿Por qué? Porque no nos han enseñado a seleccionar a las personas.

> Nos han enseñado a ser amables,
> a compartir, a tolerar, a perdonar,
> a tener paciencia, a comprender...,
> pero no a decir «hasta aquí».

Imagínate que tienes una empresa, de lo que sea. Entiendo que vas a querer a los mejores compañeros, que mirarás con lupa a quién contratas y que querrás a gente que aporte valor a tu empresa para que esta crezca, ¿no? Como es evidente, no vas a contratar al primero que se te presente en la oficina, sino que vas a construir un buen equipo (o, al menos, lo vas a intentar).

Bien, pues con tu vida y tu tiempo es lo mismo. Tu vida es tu mayor inversión, te va todo en ella. No puedes dejar entrar al primero que se te presente, porque luego pasa lo que pasa. Pasa que las relaciones interpersonales son complicadas y que no nos llevamos bien con todo el mundo (como es natural), pero para saber que no nos llevamos bien con alguien hay que dedicar un tiempo a conocerle. Una vez conocido, debemos valorar si queremos a esta persona en nuestra vida o no, y ahí es donde fallamos. ¿Por qué? Porque como hemos invertido tiempo en esta persona, aunque no nos guste del todo y a veces nos aporte menos que más, nos sabe mal distanciarnos. Error. Da igual lo difícil y largo que sea el camino que llevas recorrido, si no es el correcto, da la vuelta.

De vez en cuando, hay que hacer una limpieza de personal.

¿Cuántas personas que forman parte de tu vida actualmente te restan?

Sé que no es fácil, porque habrá algunas de las que no podrás deshacerte, como de un compañero de trabajo, pero piénsalo. Amistades que arrastras porque «son muchos años», relaciones de pareja que mantienes por costumbre, familiares a los que soportas porque «son familia». Solo piénsalo. Con esto no quiero decir que quien nos cae mal o con quien no encajamos sea automáticamente mala persona, no. De hecho, puede ser una persona maravillosa y no encajar con nosotros. ¿Por qué iba una persona que te hace daño o no encaja contigo a tener el privilegio de formar parte de tu vida?

DA IGUAL LO DIFÍCIL

Y LARGO QUE SEA EL CAMINO

QUE LLEVAS RECORRIDO,

SI NO ES EL CORRECTO,

DA LA VUELTA.

Debemos empezar a comprender que las personas que forman parte de nuestra vida tienen un puesto privilegiado en nuestro presente. No cualquiera se lo merece, y eso es así. Solo las personas que te hacen sentir bien o te aportan algo de valor se merecen ese huequito en ti.

Así que te propongo algo: la selección de personal antes de permitir a alguien entrar en tu empresa (tu vida) y la limpieza de personal, para cuando llevas mucho tiempo sin hacer selección y se te han colado y acumulado personas que te restan.

5.1. Nadie tiene que ser para toda la vida si tú no quieres

Es duro, pero nadie tiene que ser para toda la vida.

Ni un amigo de la infancia, ni un familiar por el mero hecho de ser de tu familia, ni una pareja, aunque sea la madre o el padre de tus hijos. Es duro, pero nada debe atarte a una relación que te atormenta. Sé que es difícil, o incluso dificilísimo dependiendo de las circunstancias, pero debemos aplicar esto en tantas relaciones dañinas como podamos.

Un poco en la línea de lo que decíamos antes: **es importante que selecciones a quién le das el privilegio de formar parte de tu vida**, esta es muy valiosa, no cualquiera se merece estar dentro de ella. A veces esto supone cortar relación con personas que han formado parte de ti durante muchísimos años y duele, duele mucho y es complicado, pero más difícil será pasarnos la vida al lado de alguien que nos la amarga. Cortando una relación dañina sufres unas semanas, unos meses, pero no cortándola toda la vida.

Cosas que nos frenan a finalizar una relación (de cualquier tipo) con alguien:

- **Los recuerdos bonitos, los buenos momentos.** Debemos acoger esos recuerdos, que ahora forman parte del pasado, y abrazarlos con todo el cariño del mundo, sí, pero ya pasaron. No podemos mantener una relación porque en algún momento de la vida fuese bonita. Todas las relaciones han tenido instantes bonitos, pero no todas tienen que ser para toda la vida. **Los recuerdos bonitos conmueven, pero no atan.**
- **Las expectativas y los planes de futuro:** todas las películas que nos hemos creado en la cabeza sobre lo que podríamos hacer el día de mañana con esa persona. Es curioso, porque, cuando rompes la relación con alguien, una de las cosas más complicadas a las que

te enfrentas es la renuncia de algo que aún no tenías: los planes de futuro. Y, oye, cómo duele tener que prescindir de eso, aunque no lo tuvieses. Lo sé, es desagradable y duele, pero ¿qué hacemos? ¿Nos agarramos a una relación que no nos hace felices solo porque habíamos planeado cosas guais con esa persona? Dicho así, no tiene ningún sentido, ¿verdad? Pues eso, que **más vale renunciar a tus expectativas ahora que cumplirlas al lado de la persona que no es** (eso no te haría feliz). Además, las expectativas se te van al traste hoy, pero se vuelven a crear y moldear más adelante, así que calma.

- **Las cosas que tenéis en común.** Si sois familia, como mínimo, tenéis en común al resto de los miembros que la conforman. Si sois pareja, podéis compartir desde casa y pertenencias hasta familia. Si se trata de un amigo, quizá compartís otras amistades, puesto de trabajo, clase...

Seguro que se te ocurrirán muchos más motivos por los cuales te puede costar alejarte de ciertas personas, pero plantéate si alguno de esos motivos es tan de peso como para costarte tu paz. Sea lo que sea, pregúntate: «¿Los motivos son tan de peso como para que yo tenga que mantener en mi vida a alguien que no me hace feliz?». Quizá de primeras te parece que sí, pero... vuelve a pensarlo. ¿Mereces ser infeliz por ello? ¿De verdad no hay ninguna alternativa posible?

Entiendo que hay personas de las que es imposible alejarse, personas que por A o por B nos vemos obligados a tener en nuestra vida. ¿En ese caso qué podemos hacer? Desvincularnos lo máximo posible y aprender a sobrellevar su presencia como podamos, tratando de darle el mínimo espacio e importancia a esta persona en nuestro día a día. Este es un proceso muy difícil, pero, si no podemos distanciarnos de él/ella, ¿qué nos queda? ¿Vivir en la amargura por su presencia? Cagarnos en la leche de vez en cuando sí, pero amargarnos la vida por ello no lo veo una opción.

5.2. Una ruptura (con quien sea) no es un fracaso

Cuando acabamos una relación (del tipo que sea) con la que teníamos unas expectativas de futuro que encajaban con nuestro plan de vida, **sentimos que hemos fracasado**. Como si, por habernos enfadado, haber discutido o haber optado por alejarnos de alguien que nos hacía daño, hubiésemos perdido el tiempo que duró esa relación. Sin embargo, esto no es así. Hay personas que vienen a nuestra vida a «cumplir una misión» (dejemos de lado las relaciones de maltrato), a compartir un tiempecito con nosotros y a irse. Quizá se alejan ellas o quizá nos alejamos nosotros. Quizá la vida nos hace coger caminos diferentes o perdemos el interés en seguir unidos. Los motivos pueden ser miles, la cuestión es que no es un fracaso. Durante esa relación hemos aprendido, disfrutado, reído, descubierto cosas, compartido momentos... Hemos hecho mucho, y solo por eso ha valido la pena. Ahora se ha acabado, y nos puede doler más o menos, es respetable, pero no vivamos ese final como un fracaso, sino como parte del proceso de vivir.

Hay personas que vienen para quedarse y personas que están de paso, igual que nosotros en la vida de los demás. Nos olvidamos de que el sentido de la vida no es llegar a la meta, sino disfrutar del camino. Finalizar una relación es natural y a veces necesario, ese vínculo ha cumplido su función cuando tuvo que cumplirla, sí, pero ahora ya está.

Aprendamos a apreciar a las personas que pasan por nuestra vida mientras están en ella y a respetar cuando llega el momento de que se vayan o de que haya que echarlas (que esto también pasa, a veces hay que pegarles una patada en el culo para que se larguen ya). Es muy importante aprender a dejar ir, aunque sea doloroso. Aferrarnos a cosas que ya no deben formar parte de nuestra vida puede hacernos mucho daño.

Una bonita forma de decir «adiós» a alguien a quien le hemos tenido cariño es escribir una carta de despedida en la que nos explicamos a nosotros mismos que dejamos ir a esa persona, que aceptamos y respetamos su partida y agradecemos el tiempo que ha pasado con nosotros. Después, esa carta podemos quemarla, romperla o guardarla, es decisión nuestra. Aunque en momentos en los que echemos de menos a esa persona puede ayudarnos leerla, así que quizá nos iría bien guardarla durante un tiempo.

Lo importante es aceptar que las personas no tienen por qué ser para siempre, y, si alguien ya no forma parte de nuestra vida, está bien, recordemos con cariño su presencia cuando estuvo y respetemos que ahora ya no toca. Estuvo cuando tuvo que estar, pero ya pasó.

Todo esto no nos quita de llorar cien mares si lo necesitamos. Es importante permitirnos hacer el proceso de duelo.

5.3. Saber poner límites y decidir qué no me gusta, qué no tolero en los demás

Solemos escuchar mucho la frase de **«tienes que aprender a poner límites»**, y más o menos sabemos lo que es. **Implica no dejar que los demás hagan con nosotros lo que quieran, ¿no? Vale, sí, hasta ahí llegamos.** Pero aquí entramos en lo de siempre: **¿y eso cómo se hace?** Porque, cuando llevas toda la vida diciendo «sí» por evitar defraudar o por miedo a la reacción del otro, no es tan fácil decidir poner límites ahora de repente.

Los límites son esas líneas invisibles que ponemos al relacionarnos con los demás. Todos tenemos límites porque todos nos sentimos violentados cuando alguien hace determinadas cosas que nos afectan. Sin embargo, hay una enorme diferencia, y es que no todo el mundo sabe cuáles son los suyos y, como consecuencia, ni los comunica ni los respeta.

Cuando alguien cruza nuestros límites una y otra vez, nos enfadamos con la persona y con nosotros mismos por no haber sido capaces de decir «hasta aquí», «basta» o «no». Porque, sí, esa persona nos ha hecho daño o molestado, pero nosotros hemos vuelto a sonreír y a fingir que no pasaba nada. Por este motivo, los límites son tan importantes al establecer cualquier tipo de relación sana: porque enseñamos a los demás cómo tratarnos. Hacer constantemente la vista gorda con aquello que nos hace daño no nos hace ningún favor.

Nos podemos sorprender explotando por «tonterías», estando muy tristes «sin motivo aparente», reventando contra la persona errónea, sintiendo culpa, frustración, decepción con nosotros mismos... Todo esto puede tener que ver con estar aguantando cosas que no tenemos por qué aguantar. ¡Y ojo! Los demás no son adivinos, no tienen por qué saber que nos están haciendo daño (salvo que sea muy evidente), no a todo el mundo le hiere lo mismo.

Para identificar nuestros límites, nos debemos hacer unas preguntas:

- ¿Qué me hace daño y permito?
- ¿Qué no debería tolerar?
- ¿Con qué odio hacer la vista gorda?

Esos son nuestros límites. Una vez identificados, podemos pensar: **«Ya, muy bien. Yo sé lo que me molesta, lo que pasa es que no me atrevo a decirlo»**. Calma, eso nos pasa a casi todos. Es difícil, pero se aprende. Piensa que más difícil sería pasarnos la vida tolerando todo lo que nos hacen, porque viviríamos enfadados, tristes, decepcionados con los demás y con nosotros mismos. Todo lo que no decimos por no decepcionar a otros nos decepciona a nosotros mismos.

Entonces, una vez identificados nuestros límites..., **¿cómo los ponemos? Los ponemos de forma asertiva, desde el cariño y el respeto.** Cuando ponemos límites no podemos hacerlo de una forma violenta, eso solo hará que perdamos la razón y que la otra persona reaccione a la defensiva.

TODO LO QUE NO DECIMOS

POR NO DECEPCIONAR A OTROS

NOS DECEPCIONA

A NOSOTROS MISMOS.

Imaginemos que tenemos una amiga (Lucía) que tiende a llegar tarde siempre que quedamos con ella. Nunca decimos nada, pero nos molesta. Nos lo vamos guardando y guardando. Algún día tendremos que tomar medidas al respecto, y ese día ha llegado. ¿Qué haremos? El día que llegue tarde (otra vez), le diremos: «Lucía, me encanta estar contigo, pero me molesta muchísimo que llegues tarde, vas a tener que hacer un esfuerzo por llegar puntual cuando quedes conmigo».
A partir de aquí, Lucía tiene la información que necesita.

Hago un inciso para decir que una persona que se merezca tenerte a su lado, que te quiera, te respete y valore, agradecerá que le cuentes si algo de lo que hace te sienta mal. Una buena persona no querrá que toleres cosas que te hieren sabiendo que puede hacer un esfuerzo por cambiarlas.

Hasta aquí puede parecer complicadillo, aunque dentro de lo que cabe es más o menos asequible, pero... **¿Qué pasa cuando alguien, aun siendo conocedor de nuestros límites, se los salta? ¡Aquí viene la parte difícil!** Y es que no basta con tener límites y explicárselos a nuestro entorno, sino que además debemos tomar la enorme responsabilidad de cumplir con las CONSECUENCIAS que acarrea que alguien cruce nuestros límites. Si no vamos a poder ejecutar la consecuencia, mejor no pongamos límites, porque en ese caso, en lugar de límites, parecerán amenazas, y es importante que sepamos que **los límites no son amenazas, son simplemente pautas para enseñar a los demás cómo tratarnos para que nos sintamos cómodos, es por el beneficio de ambas partes**.

Siguiendo el ejemplo anterior, poner una consecuencia al incumplimiento de nuestro límite empezaría por avisar de dicha consecuencia, para que la persona sea conocedora de que esta existe. Por ejemplo:

> «Lucía, me encanta estar contigo, pero me molesta muchísimo que llegues tarde, vas a tener que hacer un esfuerzo por llegar puntual cuando quedes conmigo. Si llegas tarde, lo más probable es que ya no me encuentres aquí, me iré a casa».

Puedes verte en la situación de que, al no haber puesto límites nunca, las personas de tu entorno se extrañen al oírte hablar así. En este caso, siéntete totalmente libre de decir: **«Sé que hasta ahora nunca he hablado así y puede sonar raro, pero he decidido empezar a decir lo que siento y pienso para ser más sincera contigo y conmigo»**.

No poner límites acaba afectando a todas nuestras relaciones, incluida la que tenemos con nosotros mismos, porque aprendemos a aguantar, a contener, a mordernos la lengua, a guardar rencor... y nos vamos llenando de dolor.

Cabe decir que algunas personas lo harán sin querer, pero nos encontraremos con personas que no lo hacen involuntariamente, sino que se toman la libertad de actuar libremente sin contemplar el daño que hacen a otros. Con estas, quizá llega un momento en el que hay que plantearse mandarlas a paseo (dicho finamente). Hay gente a la que es mejor tener lejitos.

Poner límites es difícil,
pero más complicado
es vivir tolerando todo
lo que nos hace daño.

5.4. Tu burbujita

Tu burbujita es la conclusión de los puntos anteriores, ahora entenderás por qué. Cuando has aprendido a poner límites a los demás y has hecho la limpieza de personal, te quedan unas personitas. Unas personitas cercanas, a las que quieres y te quieren, que han pasado tus filtros, porque, como hemos dicho, no cualquiera tiene el privilegio de formar parte de tu vida. Esas personitas forman parte de tu burbujita, un lugar donde te sientes valorada, querida y cuidada. Un refugio al que regresar cuando ahí afuera hace mucho frío.

Hazte una burbuja bonita,
un hogar donde ser tú,
donde refugiarte cuando
las cosas se ponen feas.

Está muy bien lo de tenerse a sí mismo, pero también es importante tener a personas que nos quieren. Así que, como hemos dicho: una buena selección y limpieza de personal para elegir a quién vamos a dejar formar parte de nuestra burbujita.

Te dejo una guía de cómo deben ser las personas a las que permitas entrar en tu burbuja:

- Te respetan a ti y respetan tus límites.
- Son personas de confianza, a las que les puedes contar cosas personales sin miedo a que las utilicen en tu contra.

- Viven con ilusión los pasos que das en la vida y te apoyan en tus proyectos.
- Puedes contarles hasta eso que te da vergüenza contarte a ti mismo, sabes que no te juzgarán.
- Te escuchan y están ahí cuando las necesitas, no te hacen sentir que eres una molestia.
- Con esas personitas puedes llorar y expresar tus emociones sin miedo a ser tachada de débil o molesta.
- Son personas a las que puedes expresarles que algo te ha sentado mal sin miedo a su reacción.
- Te dicen la verdad y son honestas contigo, pero con todo el cariño del mundo. Sin sincericidios.

Estas características son genéricas, cada uno puede tener sus propios «requisitos» para su burbujita.

Así que te propongo que dibujes un círculo (en realidad es una burbuja) y decidas a quién poner en su interior. Será bonito si lo compartes con las personas que están dentro, hazles saber que forman parte de tu burbuja.

¡Ah! Y recuerda: **a tu burbuja tienes que cuidarla, pero, tranquilo, ahora hablaremos de eso.**

NO PONER LÍMITES

ACABA AFECTANDO

A TODAS NUESTRAS RELACIONES.

5.5. Que tu monstruito interior no mate a nadie

Todos, absolutamente todos, tenemos un monstruito interior capaz de destruir a alguien. Eso es así, y quien lo niegue miente como un desgraciado. Todos tenemos la capacidad de hacer daño a otros, basta con conocerlos un poco para identificar sus puntos débiles. ¿Dónde está la diferencia? En que decidamos no usarlos. Eso te diferenciará de una mala persona. El término «mala persona» me chirría un poco porque todos podemos ser malos o injustos con alguien en algún momento, pero, bueno, llamémoslo así, pero teniendo en cuenta que algunas de estas personas pueden cambiar.

Existen expresiones como «saber dar donde duele», «saber buscar los puntos débiles», y veo que se emplean como una virtud, como un talento: **«alguien lo suficientemente inteligente como para identificar los puntos débiles de otra persona». Eso no es ser inteligente, es ser un cabrón.** Todos podemos ponernos a ello y derivar parte de nuestro tiempo a identificar dónde golpear para dejar fuera de juego a otra persona. Es cierto que a algunos no se nos ocurren a veces maneras de herir, pero en muchas ocasiones es porque no hemos dedicado el suficiente tiempo a pensarlas, no por falta de recursos cognitivos.

Todos podemos hacer daño, todos sabemos. Quien no hace daño es porque no quiere, esto es lo que nos define como personas: decidir no hacer daño aun sabiendo cómo hacerlo. Aun teniendo todas las herramientas del mundo, amar consiste en no utilizar ni una, en anteponer la salud mental del otro a nuestra rabia. A nuestro bienestar no, pero sí a nuestra ira (esta no lleva a ninguna parte).

¿Dónde voy a parar con esto? Te lo resumo en una sencilla frase: **a las personas a las que quieres debes protegerlas de esa parte de ti que puede hacerles daño**. Todos tenemos un monstruito interior, una parte mala. Es ahí cuando debemos ponernos un STOP enorme y no permitir que nuestro monstruito interior mate a alguien, porque querer también es proteger a la persona de nuestra parte mala.

Debemos proteger a todo el mundo (en la medida de lo posible) de nuestro monstruito, pero sobre todo a las personas de nuestra burbujita. ¿Por qué? Porque, si hemos hecho una buena selección de personal y esas personas cumplen nuestros requisitos, no se merecerán a nuestro monstruito interior. Podemos enfadarnos, podemos discutir, podemos estar en desacuerdo, incluso alejarnos y romper una relación, pero nunca permitir que nuestro monstruito mate a nadie.

Reglas fundamentales para mantener a raya al monstruito:

- **Prohibido faltar al respeto a la otra persona por estar enfadado.** Estar enfadada no te da derecho a comerte a nadie, tendrás que aprender a gestionar tus emociones (lo hemos hablado antes). Si por la ira haces daño, te tocará pedir disculpas y nunca más volver a hacer aquello por lo que pides perdón. **Recordemos que pedir perdón y volver a cometer el error es manipular, no disculparse.**
- **Si estás muy enfadado, mejor retírate**, vete a dar un paseo o a correr, y luego vuelves. La ira no va a solucionar absolutamente nada.
- **Prohibido utilizar información personal** en contra de esa persona.
- **Cuando algo te moleste mucho**, entiende que estás enfadada, pero **recuerda lo mucho que quieres a esa persona**. ¿Se merece que la trates de esa forma? ¿Va a mejorar en algo la situación?
- **Prohibido recriminar y echar en cara errores** del pasado ya zanjados.
- **La discusión es para llegar a un punto en común**, es una negociación. No un medio para desahogarse, la otra persona no es tu saco de boxeo. Plantéalo

como que **sois vosotros contra el problema, y no el uno contra el otro**.

- Nada de esperar a que el otro adivine lo que necesitas: **comunícate**.

Esto es un curro. Es superdifícil, pero es lo que hay. Para tener relaciones sanas vas a tener que aprender a hablar cuando lo que te apetece es discutir.

Se trata de cuidar tu burbujita, de no permitir que tu monstruito interior mate a nadie. Es un trabajo difícil, pero, como todo, es cuestión de práctica.

5.6. Dependencia emocional

La dependencia emocional podríamos definirla como un **patrón psicológico** que implica una **excesiva necesidad de cariño y atención**, y un enorme temor a la soledad o al rechazo. Esta se puede manifestar en forma de celos, sensación de vacío, relaciones en las que uno da más de lo que recibe, inseguridades, necesidad extrema de atención, desconfianza, miedo a la soledad, pánico ante la idea de abandono, ansiedad y tristeza, adaptarse camaleónicamente a los demás, necesidad de aprobación...

Ve respondiendo en tu cabecita «sí» o «no» a las siguientes afirmaciones para poder valorar si la dependencia emocional va contigo o no:

- Sufres mucho en tus relaciones de pareja.
- Sufres por tu baja autoestima e inseguridades.
- Priorizas las relaciones de pareja por encima de otros ámbitos de tu vida.
- Tratas de dar lo mejor de ti para agradar al otro.
- Te cuesta poner límites por miedo a ser rechazada por ello.
- Te acabas adaptando al otro por miedo al abandono.
- Pánico ante la idea de ruptura.
- Cuando has de tomar una decisión, necesitas sí o sí consultarlo antes con alguien de confianza.
- Celos y desconfianza.
- Tendencia a sentir ansiedad y mucha tristeza.
- Generarte expectativas altísimas al inicio de las relaciones.
- Ir saltando de una relación a otra (evitando la soltería, la soledad).

Para trabajar la dependencia emocional, es poco probable que con un libro sea suficiente. Además, odio esos libros que prometen salvarte la vida, este no es uno de ellos. Ni te la salvará, ni te la solucionará. Con que aprendas cositas, te abra los ojos con algunos temas, te replantees varias cuestiones y te dé un empujón hacia adelante, soy más que feliz. Dicho esto, voy a dejarte por aquí abajo lo más básico para ayudarte a trabajar tu dependencia emocional, pero recuerda que puede no ser suficiente (acude a terapia si es así).

Lo primerísimo es que potencies tu autonomía. Tienes que hacer planes en solitario, por difícil que parezca. Eres válido por ti mismo, no necesitas compañía las veinticuatro horas del día, conócete, entérate de quién eres. Tienes que caerte lo suficientemente bien como para que te apetezca pasar tiempo contigo. Para esto, te remito al maravilloso y muy trabajado capítulo de «¿Qué me gusta hacer cuando estoy solo?».

Por otro lado, **también es importante que no dejes de lado el resto de los ámbitos de tu vida**. No te aísles, no te encierres con una única persona, ¿por qué? Porque entonces el día que esa persona falte (por el motivo que sea), ¿qué harás? Te arrastrarás y te ahogarás de ansiedad. Harás lo imposible por evitar el abandono de esa persona, lucharás por mantener ese vínculo a toda costa, forzarás la relación (aunque sea dañina para ti) con tal de no estar sola. Nadie quiere estar solo, y por miedo a la soledad es por lo que mantenemos muchas relaciones dañinas para nosotros. Por esto es importante tener una buena red de apoyo (una bonita burbuja) a la que acudir, en la que apoyarse, con la que pasar tiempo de calidad. Así que sigue quedando con tus amigos, conoce personas nuevas, apúntate a actividades en las que interactúes con otros, pasa tiempo con tu familia, sigue practicando tus aficiones... Que tu tiempo no se limite a estar únicamente por y para esa persona.

¡Ojo! Si estás en una relación de maltrato, más vale estar solo. Ya encontrarás una red de apoyo más adelante, lo primordial es salir de ahí.

Para trabajar la dependencia emocional, debemos trabajar nuestra autoestima y nuestra vida más allá de la persona de la que somos dependientes. Puede ser un proceso complicado y largo, pero valdrá la pena, prometido (palabrita de Esmi).

6
LA NECESIDAD DE CONTROLARLO TODO Y LA ANSIEDAD ANTICIPATORIA

Estás leyendo tranquilamente en tu sofá, cuando de repente recuerdas que la semana que viene tienes que hacer una presentación oral. Te empieza a doler la barriga, se te acelera el pulso, sientes un nudo en el estómago, empiezas a sentir que te falta el aire...

Tu cerebro se comporta
como si ya estuvieses inmersa
en esa situación.

Ahora vienen las dudas: «¿Y si me quedo en blanco? ¿Y si me equivoco? ¿Y si lo hago fatal? ¿Y si no les gusta mi presentación?». Bien, llegados a este punto, ya nos hemos creado una película en la que fracasamos en el intento de hacer una exposición oral decente. Estamos a punto de recibir un Goya.

Esta situación es extrapolable a otras miles de millones semejantes: tener que hablar con tu jefa sobre un aumento de sueldo, plantearte tener una conversación incómoda con tu pareja, verte en la obligación de decir «no» a alguien que te ha pedido un favor... Cuando una situación te preocupa lo más mínimo, anticipas todo lo que sucederá (malo, por supuesto) y cómo podrías reaccionar tú ante ello. Te preparas para la lucha, vaya.

Anticipamos discusiones en nuestra cabeza, pensamos en todas las opciones viables de aquello que nos pueden decir, de lo que nos pueden acusar, de lo que pueden quejarse... Creyendo que, si vamos preparados para ellas con todas nuestras respuestas bien estructuradas, sabremos qué contestar en cada momento y eso nos «salvará» del terrible desastre. Dicho así, seguro que todos nos estamos dando cuenta de lo estúpido que suena. Sí, sí... Pero después, mientras nos duchamos, discutimos imaginariamente con todo el mundo. ¿Qué provoca esto? Que salgamos enfadados de la ducha, incluso con ansiedad, porque eso es lo que genera imaginar conflictos que aún no han sucedido: ansiedad. Hay que mencionar también que esto aumentará las posibilidades de que finalmente suceda la discusión, porque ya venimos enfadados de casa, con los deberes hechos, vaya.

Cuando nuestra cabecita se llene de pensamientos irracionales que tratan de anticipar situaciones que aún no han sucedido, debemos aprender a mandarnos a callar, como hemos hablado en capítulos anteriores.

Te invito a que pienses:

- ¿Qué es lo peor que puede pasar?
- ¿Es altamente probable que pase?
- Y, si pasa, ¿es tan terrible?

Imaginemos que lo que nos preocupa es un examen, ya sea de la universidad o de una oposición para la que llevamos estudiando años. En este caso, es un examen, una maldita hoja de papel. No corre peligro tu vida, no se acaba el mundo. Si sale mal, te dará mucha rabia y tendrás que repetirlo, esperar un año más para poder presentarte o incluso tener que renunciar a un puesto de trabajo, sí, y eso es una mierda, no nos vamos a engañar, pero no se acaba el mundo. Pase lo que pase, acabarás saliendo por otro lado, tu vida no se acaba aquí, no por un examen, por importante que sea esa prueba. De todas formas, si esto sucede, ya se ocupará tu yo del futuro. De momento, preocuparte con desesperación, aunque es normal, no sirve de nada. No aporta nada.

También puedes probar a hablarte con todo el cariño del mundo, por ejemplo:

«Vamos a ver, es normal que estés supernerviosa, cualquier persona en tu situación lo estaría, pero ¿qué hacemos? ¿Nos ahogamos de angustia, nos imaginamos los peores escenarios posibles y lo pasamos fatal hasta que llegue el momento del examen? ¿Esa es la opción que vamos a elegir? Yo creo que no, tía. Llegará y saldrá como tenga que salir, y si suspendemos o no obtenemos la plaza, pues lo pasaremos mal, porque da mucha rabia, pero después tendremos que seguir con nuestra vida. Un examen de unas horas no va a marcar la totalidad de tu vida y menos tu valor como persona. Lo vas a hacer lo mejor que puedas y, si eso no da resultado, pues, oye, a otra cosa, mariposa».

Hay una frase que a mí me sirve mucho cuando empiezo a preocuparme por cositas del futuro y entro en bucle: **«que se ocupe mi yo del futuro»**. Al final, si lo piensas, **has llegado hasta aquí, solventando todas esas situaciones que te daban terror**, de las cuales el 85 por ciento ni siquiera han sucedido, todo sea dicho…, y las que sí han sucedido las has sobrellevado como humanamente has podido. Lo mismo pasa con las que están por venir: si suceden, las resolverás, pero por ahora **deja que se ocupe de ello tu yo del futuro**.

MIRANDO HACIA ADELANTE

1
LO QUE QUIERO EN LA VIDA

Uno de los grandes malestares con los que nos encontramos cuando somos mayores es no habernos convertido en aquello que ansiábamos ser cuando éramos más jóvenes. Desde nuestra inocencia, visualizábamos a nuestro «yo del futuro» con un buen trabajo, una bonita familia, una casa grande con jardín... Sin embargo, a medida que nos vamos haciendo mayores, nos damos cuenta de que esto no es tan fácil. No es tan fácil y, a veces, no es lo que realmente queríamos. Desde niños, se nos educó bajo ese concepto de «vida perfecta», hasta el punto de que he escuchado a muchas mujeres decir: «No sé si quiero ser madre porque quiero tener hijos o porque me lo han inculcado desde pequeña».

La vida no es fácil para todo el mundo y, en algunas ocasiones, se nos dificulta mucho el cumplir nuestras metas. La muerte de un familiar, problemas de salud mental, querer tener hijos y no poder, una ruptura complicada, un trabajo mal pagado, lo cara que está la vivienda hoy en día, lo difícil que es trabajar en lo que has estudiado, una enfermedad irremediable... Joder, no todo es un camino de rositas hacia nuestra vida idílica.

Frases como «conseguirás lo que te propongas» o «ánimo, tú puedes con todo» hacen un flaco favor a quien las escucha. ¿Por qué? Porque somos humanos y los seres humanos no estamos capacitados para hacerlo todo. Qué chasco se van a llevar los autores de los típicos libros de autoayuda baratos que vienen con lo de «está todo en tu mano». Estas frases no hacen más que culpabilizar a la persona de lo que no consigue, cuando esto no siempre depende de ella. ¡Y oye! Aunque sí dependa de ella, qué maldito problema tenemos con valorar a las personas por lo que consiguen, como si el concepto de felicidad y éxito fuese para todos el mismo.

Seamos realistas: hay cosas que no podrás conseguir, y eso es normal. ¿Qué vas a hacer con esto? Pues adaptarte a ello, con más o menos dolor, con más o menos ayuda, pero no nos va a quedar otra.

Entonces, siendo realistas
y respetuosos con las circunstancias
que vivimos, ¿quién queremos ser?
¿Qué clase de persona queremos ser?

Esto no implica modular nuestra imagen y forma de ser al maniquí en el que queremos encajar, no nos equivoquemos. Esto va más de **ponerse metas realistas y avanzar, pasito a pasito**, hacia ellas. Con cariño, fuerza y paciencia, siempre que el cuerpo y la salud nos lo permitan. Cabe la posibilidad de que por el camino tengamos que hacer pausas, por motivos buenos y por motivos malos, no pasa nada, eso también debemos respetarlo.

No podemos lograrlo todo, y eso es cierto, pero hay otra cosa que es cierta también: **vivir acomodados en la queja no nos ayudará a conseguir nada, eso es seguro**. Este no es un libro en el que te vayas a encontrar con el mensaje de «deja de quejarte, levanta de ahí y lucha por tus sueños», no (ya sé que lo repito mucho). Atrás, Satanás, con eso, pero buscaremos un punto medio entre esas dos actitudes: no puedo lograrlo todo, pero no voy a sentarme a ver la vida pasar mientras me quejo, porque así tampoco conseguiré nada. Un pasito a la vez.

2
QUERER NO ES PODER

Hemos crecido rodeados de frases como «querer es poder», «puedes lograr todo lo que te propongas», «nada es imposible»... Pero todas son mentira. No puedes lograr todo lo que te propongas porque eres un ser humano y los humanos no estamos capacitados para hacerlo todo. Somos personas, no superhéroes; además, estos últimos no existen. Ya está bien de tanto positivismo tóxico, no ha ayudado a nadie y, sin embargo, sí ha hecho sentir mal y fracasadas a muchísimas personas.

¿Cuál es la realidad? **Que puedes conseguir UN MONTÓN de cosas**, porque eres un ser humano maravilloso y, si te lo propones, cada día lo serás más.

Sí, puedes conseguir muchísimas cosas, pero también se tienen que dar muchos factores para que puedas conseguirlas, porque quizá puedes lograrlo, pero no ahora mismo, ya sea porque tú no estás bien, porque estás pasando una racha difícil, porque no tienes los recursos económicos para llevarlo a cabo, porque no has tenido el golpe de suerte que te hacía falta para conseguirlo, porque necesitas una pausa en tu vida o porque te falta experiencia... Por mil cosas. Puede que lo consigas, sí, pero quizá en otro momento. Que no sea el momento ahora no quiere decir que no vaya a llegar nunca.

Sí, puedes conseguir muchísimas cosas, pero quizá no todas las que quieres.

Es probable que tengas que renunciar a muchos de los sueños de tu vida porque no son viables. ¿Esto quiere decir que no tengamos que luchar por lo que queremos y nos tengamos que rendir a la primera? No. Quiere decir que querer no es poder y que, si te pasas la vida persiguiendo un sueño inalcanzable, te vas a hacer mucho daño. Tanto que el día que lo consigas puede que no haya valido la pena todo lo que has sufrido (o sí, oye).

Lo que no quiero es que te sientas un fraude o una fracasada por no haber conseguido todo lo que te has propuesto, eso es lo que no quiero. ¿Qué sí quiero? Que te pongas metas en la vida, sobre todo de esas que son pequeñitas y a corto plazo.

Si soy una persona a la que no le gusta el deporte (es el caso) y me pongo como objetivo ponerme en forma, saliendo a correr cada mañana y apuntándome al gimnasio para ir cada día con la esperanza de estar tonificada en tres meses, pues ¿qué puede pasar? Que no lo cumpla y que el hecho de no cumplirlo me frustre muchísimo y me haga sentir muy mal. ¿Qué puedo proponerme? Empezar por tener una vida más activa, cogiendo menos el ascensor y usando más las escaleras, yendo a pie a sitios a los que suelo ir en coche, saliendo a pasear, apuntándome a algún tipo de deporte que me guste... Pequeños pasitos que me van acercando a mi meta y que, como son relativamente sencillos, al ir cumpliéndolos me voy a sentir bien día a día. En este momento es importante recompensarse y darse la enhorabuena por las cositas que uno va consiguiendo.

Hay una pregunta que puede ayudarnos a acercarnos a aquello que queremos lograr: «Lo que estoy haciendo hoy, ¿me acerca a lo que quiero conseguir?». Por pequeñitos que sean los pasos que demos día a día, avanzamos. De todas formas, cuidado con esto, porque es normal que haya días que no nos acerquen a nuestras metas o que, incluso, nos hagan dar pasos atrás. No pasa nada, es normal, está bien y es sano. Respetar nuestras propias pausas y retrocesos también es amor propio.

3
¿PUEDES CONVIVIR CONTIGO? ¿TE APETECE? PORQUE TE QUEDA TODA LA VIDA POR DELANTE

Es una pregunta muy curiosa.

¿Puedes vivir con una persona como tú? ¿Alguna vez te has preguntado si te llevas bien contigo? ¿Te haces daño?

Es importante plantearse estas cuestiones. Todos tenemos defectos, cosas que no nos gustan de nosotros mismos y con las que convivimos, pero, oye, ¿y si, en lugar de conformarnos, las trabajamos un poquito? Por ejemplo, si eres una persona muy pesimista, quizá trabajándolo no te vas a convertir en la persona más optimista del mundo, pero seguro que consigues mejoras que te ayudan a convivir mejor con tu personita.

Es cuestión de parar, observarse y decir: «**¿Qué me hace daño de mí misma?**». Este es el primer paso: **ser conscientes de aquello que tenemos dentro y nos hace daño**. Por ejemplo: la envidia, los celos, las inseguridades, la baja autoestima, la rabia acumulada... Trabajarlo empieza por identificar de dónde vienen y, para eso, a veces hay que irse a cuando éramos niños. Esto lo aprendí de mi psicóloga, que cuando yo no conseguía comprender lo que sentía, mis mecanismos de defensa y mis inseguridades, me decía: «¿De dónde crees que viene todo esto?», y yo me remontaba a unos añitos atrás, a algunos conflictos que había tenido recientemente, a problemillas de pareja, a discusiones con algunas amistades... A lo que ella me respondía: «No, más atrás», hasta que llegaba a mi niñez, y ahí salía todo. Podemos entender muchas cosas de nosotros como adultos preguntándole a nuestro yo de niño.

Tras identificar las cositas que te hacen daño de ti, hazte algunas preguntas:

- ¿Cuándo comenzó? ¿Cuándo fue la primera vez que sentí esto o actué de esta forma?
- ¿Quién me hizo sentir así por primera vez?
- ¿De qué me protegía en aquel momento?
- ¿Qué otras veces se ha repetido?

Ser conscientes del lugar de donde vienen aquellas cosas que nos hacen daño de nosotros mismos es sanador. Sin embargo, en un libro nadie te va a enseñar a curar las heridas de la infancia, porque es un proceso individual que se debe tratar como tal: de forma individualizada, porque cada uno tiene su historia. Pero ahí os dejo la idea de identificar aquellas cositas que nos hacen daño de nosotros mismos y buscar la raíz de por qué se despertaron.

En fin, que uno de los sentidos de la vida (al menos bajo mi criterio) es ir trabajando con uno mismo día a día para ser mejor persona (con los demás y, sobre todo, con nosotros mismos). Habrá épocas malas que nos hagan retroceder unos pasitos, situaciones que casi inevitablemente sacarán lo peor de nosotras, sí, pero respetaremos esas temporadas como una pausa en nuestro proceso de crecimiento interior (sueno muy espiritual, lo sé) y volveremos a encaminarnos en cuanto podamos. Esto no implica meterse la presión de convertirse en una persona perfecta, ni muchísimo menos.

Ni nacemos, ni morimos perfectos,
pero, si morimos un poco mejor
de lo que fuimos, misión cumplida.

4
UN SER HUMANO HUMANO

¿Cuántas veces habremos escuchado que **«el ser humano es lo peor»** o **«el ser humano es malo por naturaleza»**? ¿Cuántas veces criticamos a nuestra propia especie, como si no formásemos parte de ella o como si fuese algo «normal» autoflagelarse por haber nacido siendo persona y no pato? Continuamente. Qué manía, oye. Pues no, yo me niego.

Me niego a caer en la facilidad de criticarlo todo desde el sofá de mi casa sin pretender hacer nada para cambiarlo.

Sí, el ser humano hace muchísimas cosas mal, pero también otras tantísimas que son increíbles y no hay que restarles valor.

Vivimos en una comunidad de miembros que, por desgracia, a veces, en lugar de tenderse la mano, se empujan al vacío. Esto puede y debe cambiar, y no es tan complicado. No vamos a cambiar el mundo unos cuantos, pero **sí podemos hacer del mundo un lugar mejor para las personas que nos vayamos encontrando por el camino**. Seguro que habéis vivido alguna situación en la que una persona, con un pequeño gesto, os ha devuelto la fe en la humanidad.

Para estas cositas, me aplico mucho una pregunta: **«Si todo el mundo actuase como yo ahora mismo, ¿qué pasaría?»** o **«Si todos hiciesen lo que voy a hacer yo ahora mismo, ¿qué pasaría?»**. Si el resultado es bueno, lo hago. Si es malo, me lo replanteo muchas veces y, en la mayoría de las ocasiones, no lo hago. Esto viene de una de las formulaciones que resumen el mandato moral del imperativo categórico del famoso filósofo Immanuel Kant, la fórmula de la ley universal: «Obra solo según una máxima tal que puedas querer al mismo tiempo que se torne ley universal».

Intentar ser un poquito mejor cada día con pequeños gestos puede ser un proceso muy bonito y sencillo, no hacen falta grandes cosas. Ahí va un ejemplo... Mi mejor amigo me ha escrito para contarme lo siguiente: «Le he cedido el paso (con el coche) a una mujer, y me lo ha agradecido con tanta alegría que hasta me ha hecho feliz, así que he decidido que yo también lo haré así con los demás». Mi amigo ha decidido que ahora será más agradecido y un poquito mejor persona que ayer porque quiere hacer sentir a los demás lo que hoy le han hecho sentir a él. Maravilloso, me parece maravilloso.

El otro día, subiendo las escaleras mecánicas del metro de Barcelona, me giré y detrás tenía a una chica con unos ojos azules preciosos, y le dije: «¡Qué ojos tan bonitos tienes!». La cara de ella me lo respondió todo. Qué fácil es regalar un momento bonito a alguien y qué poco lo hacemos.

Hace unos años, mi madre y yo compramos una tarjeta de metro de diez viajes. Nos sobraron seis y fuimos a las máquinas donde había gente comprando esta misma tarjeta para regalársela a alguien, ya que a nosotras ya no nos hacía falta. La podríamos haber tirado, pero esta opción fue muchísimo mejor.

Cuando me saqué el carné de coche, casi me da un ataque de ansiedad intentando aparcar (se me da fatal), y, mientras todos los coches me pitaban e insultaban, un chico se acercó, me dijo que estuviese tranquila y me preguntó si quería que me indicase para maniobrar. Acepté sus consejos, me echó un cable y en medio minuto el coche estaba perfectamente aparcado. Después, estuvo unos minutos explicándome los puntos en los que debía fijarme para aparcar bien la próxima vez. Era más sencillo ayudarme que lo que hicieron el resto de las «personas»: insultarme. A esa gente que me insultaba mientras yo trataba de aparcar (o desencajar) el coche, le preguntaría: «Si todo el mundo actuase como vosotros ahora mismo, ¿qué pasaría? ¿Qué cambiaría?». La respuesta es «nada». Yo me pondría más nerviosa, tardaría más rato y se formaría más atasco. Quince personas pitando y, sin embargo, una sola supo solucionar la situación en menos de un minuto. **¿Qué le hizo falta? Humanidad** (y ser resolutivo, eso también).

Con estos pequeños gestos nos convertimos en mejores personas. El mundo ya está lleno de dolor, guerras y hostilidad, ¿para qué más? De corazón, os invito a convertiros en personas que devuelven la fe en la humanidad a los demás (sobre todo si os encontráis conmigo intentando aparcar).

QUÉ FÁCIL ES REGALAR

UN MOMENTO BONITO A ALGUIEN

Y QUÉ POCO LO HACEMOS.

EPÍLOGO

«¿Cómo se acaba un libro?», me pregunto todo el rato. ¿Me despido? Me he pasado tantas horas escribiendo y dirigiéndome a ti que ahora siento que te conozco y me parece feo acabar sin despedirme. ¿Cuál tiene que ser la última frase de un libro? ¿Debería ser una frase célebre o algo así? Porque ahora no se me ocurre ninguna. No sé, qué rollo y qué sensación más agridulce. Por una parte, me hace ilusión acabar ya para poder entregárselo a mi editora y que lo leas cuanto antes, pero, por otra parte, me da penita. En fin.

De corazón, espero que este libro te haya servido de algo. Soy psicóloga y, sí, muchas cosas de las que he escrito las he aprendido durante mi formación, pero otras tantas, como ya habrás notado por el tinte personal que sin querer les doy, son fruto de vivencias. Pues son estas últimas las que especialmente espero que te hayan servido de algo. Digamos que, en cierta manera, me «consuela» que las cosas feas que me han sucedido a lo largo de la vida (mis manchas negras) le sirvan de ayuda a alguien. Es como que así siento que no han sido (tan) en vano.

De mí para ti:

Si me has leído hasta aquí, tú tienes una parte de mí y yo tengo una parte de ti. Así lo siento yo, y para mí eso es muy especial. Por eso, creo que la mejor manera de terminar este libro es diciéndote algo que me habría gustado escuchar a mí: no permitas que nadie te maltrate. No permitas que nadie te destroce la vida. Nadie tiene derecho a hacerte sentir la persona más desgraciada del mundo, nadie. Ojalá todos tuviésemos integrado esto desde el primer día de nuestras vidas, pero no es así. Por eso te lo digo y te lo repito: no permitas que nadie te quite las ganas de vivir, por favor. Si esto ya ha sucedido, no te culpabilices por haberlo aguantado. Sal de ahí como puedas, pide ayuda a tu entorno o acude a un profesional, pero no te quedes donde te hacen querer ser invisible para el mundo. Eres un ser humano maravilloso, mereces vivir y ser feliz, no te quedes donde te apagan.

En este libro hemos hablado mucho de «cómo ser una mejor persona contigo mismo y con los demás», pero no quería irme de aquí sin recordarte que los demás también deben ser buenas personas para ti. El mundo está lleno de gente mala de la que debemos protegernos, y, para cuando aparecen en nuestras vidas, es importante haber aprendido a hacerlo.

Un abrazo enorme con todo el amor del mundo,

Esmi

Nos vemos en las redes sociales, puedes encontrarme como @esmipsicologa.

AGRADECIMIENTOS

Cuando era pequeña, mis amigas soñaban con ser cantantes, modelos, bailarinas... Yo soñaba con escribir un libro. Así que podríamos decir que ahora tienes el sueño de mi vida entre tus manos. Por ello, quisiera darle en primer lugar las gracias a mi editora Ana Palou, por confiar en mí y ayudarme a cumplir este sueño.

Empiezo agradeciéndoselo todo a mi maravillosa madre, la mujer que ha puesto título a este libro y me ha enseñado sensibilidad y empatía. La mitad de lo que soy es el amor que me has dado, mamá.

Con todo el dolor del mundo, porque nunca podrá leer este libro, doy también las gracias al hombre que más me ha adorado en la vida: mi padre. Gracias por enseñarme valores, papá. Ojalá allí arriba podáis leer libros.

Agradecer también a Mario, mi segundo padre, por confiar en mí más que nadie en esta vida. Él sabía que este libro llegaría años antes de que yo empezara a escribirlo.

Dar las gracias a Vicky, por tener el corazón más puro y bonito que una persona puede aspirar a tener. También a Adrián, mi mejor amigo, con quien he crecido y espero seguir creciendo toda la vida: soy muy afortunada de tenerte.

Finalmente, gracias, mi vida. Por tu forma de quererme y por lo libre que soy contigo. Eres un hombre maravilloso. Te quiero y admiro, David.